KB243090

미의 기원과 본성

미의 기원과 본성

철학적 탐구

드니 디드로 지음
이충훈 옮김

도서출판 b

| 일러두기 |

이 책은 드니 디드로(Denis Diderot 1713-1784)와 달랑베르(Jean le Rond d'Alembert 1717-1783)의 『백과사전 *Encyclopédie ou dictionnaire raisonné des sciences, des arts et des métiers*』 2권(1752)에 실린 디드로의 「미」 항목을 번역한 것이다. 번역의 대본으로는 Diderot, *Traité du beau*, in *Œuvres*, éd. par Laurent Versini, t. IV, Robert Laffont, 1996과 Diderot, *Recherches philosophiques sur l'origine et la nature du beau*, in *Œuvres esthétiques*, éd. par Paul Vernière, Paris, Dunod, Classique Garnier, 1994를 이용하였고, 이를 『백과사전』의 원문과 대조했다. 디드로의 현대 판본에서는 원래 『백과사전』에 있었던 참조기호들이 모두 생략되어 있는데, 우리는 이를 『백과사전』에 실린 그대로 모두 되살렸다. 아울러 우리는 『백과사전』 2권의 「미」 항목 뒤에 실린 「아름다운, 예쁜 beau, joli」 항목과 「멋쟁이 les Beaux」 항목, 『백과사전』 9권에 실린 「추醜한」 항목과 「추」 항목을 함께 번역했다.

| 차 례 |

아름다운

형용사 (형이상학)

미美의 기원은 무엇인가 하는 어려운 연구를 시작하기에 앞서, 나는 먼저 이 문제를 이미 다루었던 모든 저자와 한가지로, 무슨 운명의 장난인지 사람들 사이에 가장 자주 이야기 되는 일들이 통상 가장 적게 알려져 있으며, 다른 것도 많겠으나 그중에서도 미의 본성이 그러한 처지에 있다는 점을 지적하려고 한다. 모든 사람이 미에 대해 논한다. 자연물을 보고 아름답다고 감탄을 한다. 예술 작품은 미를 구현해야 한다고 주장한다. 줄곧 아름답네 아니네 하는 것이다. 하지만 대단히 세련되고 믿을 만한 감식안을 가진 사람들에게 미의 기원, 미의 본성, 미의 정확한 뜻, 미가 실제로 뜻하는 것, 미의 정확한 정의, 미가 절대적인 것인지 아니면 상대적인 것인지, 그리고 본질적이고 영원하며 불변하는 미가 있고 하위의 미가 이를 규범이자 본보기로 따르는 것인지, 미나 유행이나 마찬가지가 아닌가 묻는다면, 사람들은 곧 생각이 갈라져 어떤 이들은 자기는 모르겠다고 하고 다른 이들은 회의주의에 빠진다. 그런데 어떻게 대부분의 사람들이 미는 존재하는 것이라고 의견을 같이하는 것일까? 미가 어디에 있다고 생생하게 느끼는 사람들은 그토록 많은데 그것이 무엇인지 아는 사람은 거의 없다시피 하는 이런 일이 어떻게 일어나는 것일까?[1]

가능하다면 이 난제들을 해결해야 할 텐데 이를 위해서 미의 문제를 가장 잘 다루었던 저자들의 다양한 생각들을 보여주는 것으로 시작해보자. 그런 다음에 우리는 이 주제에 대해 어떻게 생각하는지 제시하고, 마지막으로 인간 오성 및 미에 대한 오성의 작용을 포괄적으로 고찰해보는 것으로 이 항목을 마치도록 하겠다.

플라톤은 미와 관련해서 두 편의 대화 『파이드로스』와 『대★히피아스』를 썼다. 그는 『대 히피아스』에서 미가 무엇이냐보다는 미가 아닌 것이 무엇이냐를 가르쳤고[2], 『파이드로스』에서는 미에 관해서보다는 미에 대해 자연스럽게 갖게 되는 사랑에 대해서 말한다.[3] 『대 히피아

1. 디드로는 앙드레 신부의 『미에 관한 논고』 첫 부분을 약간 손질하여 거의 그대로 옮겨놓았다. (Yves André, *Essai sur le beau*, Paris, Etienne Ganeau, nouvelle édition, 1770, pp. 1-3을 참조)
2. 『대 히피아스』는 소크라테스와 소피스트 히피아스 엘리스의 토론을 담은 책이다. 이 책은 "미에 관하여"라는 부제가 붙어있다. 여기서 '미'는 그리스어 칼론(Καλό ν, kalon)인데 "가치와 탁월성이 높이 평가될 만한 모든 실재"를 가리키는 말이다. 이 책에서 소크라테스는 히피아스와 토론하면서 이를 정의해보고자 한다. 히피아스는 아름다움을 '아름다운 처녀', '황금', '행복한 삶' 등으로 정의하는 한편 소크라테스는 '유용한 것', '이득이 되는 것', '눈과 귀를 즐겁게 하는 것'으로 정의해본다. 그러나 소크라테스의 미에 대한 정의도 만족스러운 것은 못 되었고, 결국 이 책의 마지막 부분에서 소크라테스는 "아름다움은 어려운 것"이라고 고백한다.
3. 『파이드로스』에서 소크라테스는 파이드로스에게 신들에게서 오는 광기(만티케 mantike)를 네 가지로 구분한다. 첫째는 접신의 예언술로서 이것으로 신의 섭리를

스』에서는 소피스트의 허영을 면박하는 것이 문제였으며,『파이드로
스』에서는 아름다운 장소에서 친구와 행복한 순간을 보내는 것이
문제였다.

　성聖 아우구스티누스는 미에 관한 논고를 하나 썼는데 소실되었다.
성 아우구스티누스가 이 중요한 주제를 다룬 것으로 남아 있는 것은
그의 저작에 산재한 몇 가지 단상뿐이다. 이를 통해 보면 전체와 부분
들은 서로 정확한 관계를 맺고 이것으로 단일單一을 구성하는데 아우
구스티누스는 이 관계를 미를 특징짓는 성격으로 본다. 이 대가가
말하기를, 내가 건축가에게 건물의 익면翼面 한쪽에 아케이드를 올렸
는데 왜 다른 쪽에도 그렇게 하오, 하고 물으면 그는 틀림없이 이렇게
대답할 것이다. "전체적으로 건축물은 부분들이 균형을 잘 맞추어야

이해할 수 있으며, 둘째는 과거의 죄과 때문에 질병과 고난을 받는 사람이 얻는
광기이고, 셋째는 뮤즈 여신에게서 온 신들림과 광기이다. 마지막 네 번째가 아름
다움을 사랑하는 사람이 얻게 되는 광기이다. "어떤 사람이 이곳에 있는 아름다움
을 보면서 참된 아름다움을 상기한다면 날개가 돋고, 날개가 돋으면 솟구쳐 날고
싶은 바람을 갖지만 능력이 없는 탓에 새처럼 위를 바라보면서 아래 있는 것들에
는 아무 관심도 두지 않는데, 바로 그런 이유 때문에 그는 광기에 사로잡혀 있다는
말을 듣는 걸세. […] 그런 광기에 사로잡혀 있을 때 사랑하는 사람은 아름다운
것들을 사랑하는 사람이라고 불리지. […]"(249d) "새로운 입회자, 즉 지나간 것들
을 많이 본 사람은 아름다움을 잘 모방한 신 같은 모습의 얼굴이나 어떤 몸의
생김새를 보면 […] 경련 뒤에 오는 신체 변화가 그렇듯, 땀을 흘리고, 겪어본
적이 없는 열기가 그를 사로잡네. 왜냐하면 눈을 통해 아름다움에서 유출되는
흐름을 받아들이면 열이 나고, 그 광채에 의해 날개의 타고난 힘이 솟아나기 때문
인데, 열이 오르면 지난날 딱딱하게 막혀서 싹의 발아를 방해했던, 날개의 싹
언저리 구멍들이 녹아내리고, 영양분이 흘러들면 날개의 깃이 부풀어올라 뿌리로
부터 영혼의 형체 전체로 내리뻗기 시작하는데, 그 이유는 지난날 영혼 전체에
날개가 달려 있었기 때문일세."(251a-b) (플라톤, 『파이드로스』, 조대호 역, 문예출
판사, 2008, pp. 70-75)

하니까요." 그런데 당신은 왜 이 균형이 필요하다고 생각하오? "그래야 보기에 좋으니까요." 당신이 누구이기에 사람들에게 보기 좋은 것과 그렇지 않은 것을 정하는 중재인으로 자처한단 말이오? 균형이 보기에 좋다는 것은 어디에서 알았소? "저는 분명히 그렇다고 생각합니다. 그렇게 배치된 것은 절제가 있고 곧바르고 우아하기 때문이죠. 한마디로 말해서 그것이 아름답기 때문입니다." 좋소. 그런데 내게 말해보시오. 보기에 좋으므로 그것이 아름다운 것이오, 아니면 아름다우므로 보기에 좋은 거요? "틀림없이 아름다우니까 보기 좋은 것입니다." 나도 당신 생각에 동의하오. 하지만 또 묻겠소. 왜 그것이 아름다운 것이오? 당신이 내 질문을 난감하게 생각한다면 당신의 건축 선생들이 사실 거기까지는 이르지 못했기 때문이오. 그러나 적어도 당신이 지은 건물의 부분들이 서로 닮아있고, 크기가 같고, 적절히 조화를 이루고 있으니 이 모든 것이 일종의 단일성으로 귀착하여 이성을 만족시킨다는 점에 대해서는 어렵지 않게 동의할 줄 아오. "제가 하려던 말이 바로 그것입니다." 그렇소. 하지만 신중하시오. 육체에는 진정한 단일성이란 절대 없소. 왜냐하면 육체는 무한히 많은 수의 부분들이 결합되어 있기 때문이오. 그 하나하나의 부분들은 또 다른 무한한 부분들로 구성되어 있소. 그러니 설계도를 보고 건물을 지을 때 당신이 따르게 되는 단일성, 당신이 건축에서 위반할 수 없는 법칙으로 간주하는 단일성, 건물이 아름다우려면 반드시 모방해야 하는 그 단일성을 어디에서 보겠소. 그런데 지구상의 어떤 것도 완전하게 단일할 수 없으니, 그 무엇도 완전하게 그 단일성을 모방할 수 없는 것이 아니겠소? 그런데 이로부터 어떤 결론이 나옵니까? 우리 정신을 넘어선 곳에 어떤 근본적이고 지고하고 영원하고 완전한 단일성이 존재함을 인정해야 하지 않겠소? 이러한 단일성이 미의 본질적 기준이며 건축을 할 때 당신이 찾는 것이 아니오?[4] 성 아우구스티누스는 다른 저작에서 이렇게 결론 내린다. "모든 종류의 미의 본질과 형태를 구성하는 것은 바로 단일성이다."[5]

볼프 씨는 『심리학』에서 이렇게 썼다. 우리에게 보기 좋은 것이 있고, 우리에게 보기 싫은 것이 있는데, 이 차이 때문에 하나는 미가 되고 다른 것은 추가 된다. 우리에게 보기 좋은 것을 미라고 하고 그렇지 않은 것을 추라고 한다.

여기에 덧붙여 그는 미는 바로 완전성이며, 그래서 완전성을 갖춘 것은 완전하기 때문에 우리 안에 쾌를 만들어낼 수 있다고 썼다.

다음으로 그는 미를 실재하는 미와 가상의 미, 이 두 가지 종류로 구분한다. 실재하는 미는 실재하는 완전성에서 나온 것이고, 가상의 미는 가상의 완전성에서 나온 것이다.[6]

• •

4. 이 부분 전체는 앙드레 신부의 책에서 베낀 것이다.(Yves André, *Essai sur le beau, op. cit.*, pp. 11-15) 그런데 앙드레 신부의 책에서는 성 아우구스티누스를 "성인"으로 호칭하지만 디드로는 이 호칭을 전부 제거하고 "위인"으로만 언급한다. 여기서 인용된 성 아우구스티누스의 저작은 『참된 종교에 대하여 *De vera religione*』 XXX - XXXII 장이다. 디드로는 원본을 참조하지 않고 앙드레 신부의 책에서 원문을 그대로 가져다 쓴 것 같다.

5. 이 결론은 앙드레 신부가 성 아우구스티누스의 「켈레스티누스에게 보내는 편지 Lettre à Caelestinus」에서 따온 것이다. 원문은 다음과 같다. "Cum autem omne, quod esse dicimus, in quantum manet dicamus et in quantum unim est, *omnis porro pulchritudinis forma unitatis sit*, vides profecto in ista distributione naturatrum, quid summe sit, quid infime et tamen sit, quid medie, magis infimo et minus summo sit."

6. 크리스티안 폰 볼프 남작(Christian von Wolff 1679-1754)은 독일 라이프니츠주의 철학자이자 수학자이다. 여기서 디드로가 언급한 볼프의 책은 1732년에 나온 『경험 심리학 *Psychologia empirica*』인데 이 책은 1745년에 『심리학 혹은 영혼론

　　분명한 것은 성 아우구스티누스가 라이프니츠 철학자 볼프보다 미에 관한 연구에서 훨씬 더 앞섰다는 점이다. 첫 번째로 볼프는 어떤 것은 우리에게 보기 좋으므로 아름답다고 주장한다. 이는 플라톤과 성 아우구스티누스가 명확히 지적했듯이 어떤 것은 아름다우므로 우리에게 보기 좋은 것이라는 생각과 반대된다. 두 번째로 볼프가 미에 대한 생각에 완전성을 도입한다는 점은 사실이다. 그런데 완전성이란 무엇인가? 완전하다는 말은 아름답다는 말보다 더 명확하고 더 이해하기 쉬운가?

　　크루자 씨[7]는 이렇게 말한다. 누구든 생각 없이 습관처럼 가벼이 말하지 않는다고 자부하면서 자기 자신 속으로 내려가 그 안에서 무슨 일이 일어나는지, 생각하는 방식은 어떠한지, "이것은 아름다워" 하고 외칠 때 무엇을 느끼는지에 대해 주의 깊게 살펴보고자 하는 사람들은 대상이 유쾌한 감정, 혹은 승인의 생각과 맺는 어떤 관계를 아름답다는 말로 표현함을 알게 될 것이며, "이것은 아름다워"하고 말하는 것은 내가 승인하는 무엇인가를, 혹은 내게 쾌를 주는 무엇인가를 깨닫는 말이라는 점에 합의할 것이다.[8]

　　크루자 씨의 이와 같은 정의는 미의 본성이 아니라 고작해야 미를 만날 때 경험하는 효과에 따라 얻어진 것임을 잘 볼 수 있다. 크루자 씨가 내린 정의는 볼프 씨가 내린 정의와 똑같은 결함을 가진다. 크루

‥

Psychologie ou traité de l'âme』이라는 제목으로 프랑스어로 번역되었다.

7.　장 피에르 드 크루자(Jean-Pierre de Crousaz 1663-1750)는 스위스 로잔 출신의 철학자로 1724년에 네덜란드에 정착해서 수학을 가르쳤다. 디드로가 여기서 언급한 크루자의 책 『미론 *Traité du beau*』은 1714년에 암스테르담에서 출판되었다.

8.　Jean-Pierre de Crousaz, *Traité du beau*, ch. II, § III.

자 씨도 이 점을 제대로 알았다. 그래서 그는 미가 가진 특징을 정해보려고 노력한다. 그가 제시하는 다섯 가지 특징은 '다양성', '단일성', '규칙성', '질서', '균형'이다.

따라서 성 아우구스티누스의 정의가 불완전하거나 크루자 씨의 정의가 과잉이거나 둘 중의 하나이다. '단일성'에 대한 생각에 '다양성', '규칙성', '질서', '균형'에 대한 생각이 없고, 이런 특징들이 본질적으로 '미'에 속한다면, 아우구스티누스는 이 특징들을 빼버려서는 안 되었다. 반대로 '단일성'에 대한 생각에 이 특징들이 전부 들어 있다면 크루자 씨는 이를 덧붙여서는 안 되었다.

크루자 씨는 '다양성'이 무엇을 뜻하는지 전혀 정의하지 않는다. 그는 모든 부분들이 하나의 목표와 맺는 관계를 '단일성'이라고 이해하는 것 같다. '규칙성'은 부분들이 서로 동일한 위치를 갖고 있는 것이고, '질서'는 부분들의 점진적 변화로서 한 부분에서 다른 부분으로 옮겨갈 때 볼 수 있다. 마지막으로 '균형'은 부분마다 '다양성', '규칙성', '질서'가 가미된 '단일성'이다.

나는 미를 이렇게 모호하게 정의해놓았다고 헐뜯을 생각은 없다. 단지 여기서 이 정의가 일반적이지 못하고 제한적으로밖에는 적용될 수 없음을 살펴보는 것으로 그치겠다. 건축이 아니면, 고작해야 다른 종류의 예술에서 대강의 전체, 웅변, 드라마 한 편 등에나 적용이 될 수 있을까, '말 한마디', '한 가지 사상', '대상의 한 부분'에는 적용되지 않는다.

글래스고우 대학에서 도덕철학을 가르치는 저명한 교수 허치슨 씨는 유별난 학설을 세웠다. 이 학설은 '가시적인 것이란 무엇인가'를 묻는 것 이상으로 '아름다운 것이란 무엇인가'를 물을 수 없다는 생각으로 귀결한다. '가시적'이라는 말은 눈으로 지각할 수 있는 것이라는 뜻이다. 허치슨 씨는 '아름다운'의 말뜻은 미의 내적 감각으로 지각할 수 있는 것이라고 본다. 그가 말하는 미의 내적 감각은 아름다운 사물을 구분할 수 있는 능력이다. 이것은 시각이 색과 도형을 개념으로 받아들이는 능력인 것과 같다. 허치슨 씨와 그의 학파는 이 '여섯 번째 감각'이 실제로 있으며 반드시 필요한 감각임을 증명하는 데 온갖 수단을 강구했다. 다음이 그들의 방식이다.

1. 그들에 따르면 우리의 마음은 쾌와 불쾌를 수동적으로 받아들인다. 대상은 우리가 생각하듯이 바로 우리에게 영향을 미치는 것이 아니다. 어떤 대상은 필시 우리 마음에 쾌로 작용하고, 다른 대상은 필시 우리 마음에 불쾌로 작용한다. 우리는 의지의 힘을 모두 기울여 결국 앞서 말한 첫 번째 종류의 대상을 찾고 두 번째 종류의 대상을 외면한다. 비록 개인차는 있겠지만 우리 본성이 그렇게 구성이 되어 있어서 첫 번째 대상은 유쾌하게 받아들이고, 두 번째 대상은 불쾌하게 받아들인다.(「고통」과 「쾌」 항목을 보라)

2. 어떤 대상이 우리 마음에 영향을 미치려면, 정도의 차이는 있어도 마음에 쾌 혹은 불쾌를 일으킬 수 있는 필연적 계기가 되지 않으면 안 될 것이다. 도형, 건축물, 그림, 음악곡, 행동, 감정, 성격, 표현, 연설과 같은 이 모든 것이 어떤 식으로든 우리에게 쾌를 주거나 불쾌를 주거나 한다. 머릿속에 관념이 떠오른다. 주변 정황도 고스란히 생각난다. 그런 관념을 깊이 생각해보면 반드시 쾌나 불쾌의 감정이 자극되는 것을 느낀다. 그런 관념 중에 몇 가지 것에는 일반적으로 '감각 지각'이라고 하는 것이 전혀 없는데도 그런 인상이 만들어진다. 어떤 관념은 감각에서 나오는데 쾌가 뒤따를 수도 있고 불쾌가 뒤따

를 수도 있다. 사물을 고려할 때 질서, 균형, 모방을 발견하면 쾌를 느끼고, 무질서, 불균형, 불규칙성을 발견하면 불쾌를 느낀다. 그러나 쾌나 불쾌는 개별적으로 고려된 색, 소리, 연장의 단순관념에서 생기지 않는다.[9](「취향」 항목을 보라)

3. 허치슨 씨는 이렇게 전제한 뒤 다음과 같이 말한다. 나는 마음이 형태나 관념에 따라 이를 고려하여 쾌를 느낄지 혹은 불쾌를 느낄지 내리는 결정을 '내적 감각'이라고 부른다.[10] 나는 이 '내적 감각'을 이미 같은 이름으로 알려진 신체의 능력과 구분하기 위해, '미'를 규칙성, 질서, 조화에서 찾아내는 능력을 '미의 내적 감각'으로, '미'를 덕과 이성을 갖춘 주체의 성향, 행동, 성격을 승인하는 능력을 '선의 내적 감각'이라고 부른다.(「선」 항목을 보라)

4. 모든 사람이 바보가 아닌 이상 마음이 형태나 관념에 따라 이를 고려하여 쾌를 느낄지 혹은 불쾌를 느낄지 결정내릴 수 있으므로, 미가 무엇이냐 하는 것을 더 연구하지 않고도 모든 사람은 이러한

9. "수많은 철학자들이 고려하는 듯한 단 하나의 감각의 쾌는 감각의 단순관념을 동반하는 쾌이다. 그러나 우리는 '아름다운', '규칙적인', '조화로운'이라고 부르는 대상의 복합 관념에서 더 큰 쾌를 발견한다. […] 음악에서 작곡된 음악곡이 주는 쾌는 음 하나가 대단히 달콤하고 풍부하고 낭랑할지라도 그 어떤 음 하나가 주는 쾌보다 훨씬 더 크다." (Hutcheson, *An Inquiry into the Original of our Ideas of Beauty and Virtue*, 1725; *Recherche sur l'origine de nos idées de la beauté et de la vertu* I. I. §VIII, trad. en fr. par Anne-Dominique Balmès, Paris, Vrin, 1991, pp. 54-55)

10. "이러한 미와 조화에 대한 생각을 시각과 청각과 같은 외적 감각의 지각이라고 부르는가 아닌가는 중요하지 않다. 그러나 나는 우리가 가진 이러한 관념을 지각하는 능력을 내적 감각이라고 부르고 싶다. 이것이 그저 이러한 관념을 사람들이 미와 조화를 전혀 지각함이 없이도 가질 수 있는 시각과 청각과 같은 다른 감각과 구분하기 위한 것일지라도 말이다." (*Ibid.*, I, IX, p. 55)

대상을 위해 마련된 '자연적 감각'이 있다는 점이 분명하다. 누구나 너무 뜨거운 불에 다가가면 고통을 느끼고, 식욕을 느끼고 먹을 때 쾌를 느끼듯이 비록 사람에 따라 무한히 다양한 취향이 있다하더라도, 누구든 형태를 보고 '미'를 찾을 수 있다는 데 의견의 일치를 본다는 점도 분명하다.

5. 우리는 태어나자마자, '외적 감각'이 실행되어 감각 대상을 지각해서 전달하기 시작한다. 확실히 외적 감각이 자연적으로 주어진 것이라고 확신하는 이유가 여기 있다. 그런데 '내적 감각' 혹은 '미와 선의 감각'이라고 부른 것의 대상은 우리 머릿속에 바로 제시되지는 않는다. 아이는 시간이 지난 다음에야 성찰을 하게 되거나, 혹은 적어도 균형, 유사성, 대칭, 애착, 성격에 대해 성찰하는 것이 아닌가 하는 징후를 보여준다. 좀 더 시간이 지나야 아이는 어떤 것은 미감을 자극하고 또 다른 것은 내심 혐오감을 일으킨다는 것을 알게 된다. 바로 이런 점으로 생각해볼 때 내가 '미와 선의 내적 감각'이라고 부른 능력이 교육과 배움으로부터 생긴다는 점을 이해할 수 있다. 그러나 '덕'의 개념이 어떻건, '미'의 개념이 어떻건, '덕이 높은' 혹은 '좋은' 대상이란 승인을 받게 되고 쾌를 일으키는 계기이다. 음식이 식욕의 대상인 것처럼 말이다. 그러니 최초의 대상이 일찍 제시되었건 나중에 제시되었건 무엇이 중요한가? 감각이 우리 안에서 조금씩, 차례차례로 발전했던 것이라고 해도 그것은 그래도 감각이고 능력이지 않은가? 시각의 대상에서 색과 형태를 지각하기 위해서는 시간이 필요하고 교육이 필요하고, 내가 지각한 색과 형태는 그 누가 지각한 색과 형태와도 동일하지 않을 테니까, 색과 형태는 실제로는 시각의 대상 속에서 찾을 수 없다고 주장해야 할까?

6. 우리의 마음에 외부대상이 나타나, 이 대상이 우리의 신체 기관에 작용을 가할 때 자극되는 지각을 '감각작용'이라고 한다.(「감각작용」 항목을 보라) 두 가지 지각이 서로 완전히 다르고, 두 가지 모두 '감각작용'이라는 총칭으로 불린다는 공통점뿐일 때 이렇게 다른 지각을 수용하게 되는 능력을 일컬어 '상이한 감각'이라고 한다. 시각과 청각을 예로 들어보자. 시각과 청각의 능력은 서로 달라서 우리는 시각을 통해 색에 대한 관념을 얻고, 청각을 통해 음에 대한 관념을 얻는다. 그러나 음들이 서로 아무리 달라도, 색들이 서로 아무리 달라도, 색이란 색은 전부 시각이라는 한 가지 동일한 감각에 관련되고, 음이란 음은 전부 청각이라는 동일한 감각에 관련된다. 그래서 감각 하나하나는 각자 감각기관을 갖는다. 그런데 앞서 살펴본 고찰을 '선'과 '미'에 적용시켜보면 선과 미가 정확하게 이 경우에 해당한다는 점을 알 수 있을 것이다.

7. '내적 감각'을 옹호하는 이 사람들은 '아름다운'이라는 말은 어떤 대상이 우리의 마음속에 불러일으키는 관념이고, '미의 내적 감각'이라는 말은 그 관념을 받아들이는 능력이라고 본다. 그들은 동물도 우리의 외적 감각과 동일한 능력이 있고, 간혹 우리보다 더 높은 수준의 능력을 가지기도 하지만, 여기서 '내적 감각'으로 정의되는 것을 가졌다는 증거를 보여주는 동물은 없다는 점을 관찰했다. 그러므로 모든 존재는 대상들 사이에 유사성과 관계가 있다는 점을 관찰하지 않더라도 우리가 경험하는 것과 똑같은 외적 감각작용을 고스란히 가질 수 있고, 대단한 쾌를 느끼지 않고도 이러한 유사성과 관계를 구분할 수 있다는 것이다. 게다가 모양과 형태 등의 관념은 쾌와 분명히 구분되는 무엇이다. 비율을 몰라도, 비율을 고려하지 않아도 쾌를

느낄 수 있다. 질서와 비율에 제 아무리 주의를 기울여보아도 쾌를 느낄 수 없을 때도 있다. 그러니 왜인지는 모르지만 우리 안에서 작동하는 이 능력을 무엇으로 부를 수 있을까? '내적 감각'이다.

8. 내적 감각이라는 명칭은 그것이 가리키는 능력과 그것과는 다른 능력들의 관계에 기초한다. 이 관계는 특히 '내적 감각'으로 경험한 쾌가 원칙의 인식과는 다르다는 데 있다. 원칙을 인식할 때 쾌가 증가되기도 하고 감소되기도 한다. 그러나 이러한 인식은 쾌도 아니고 쾌의 원인인 것도 아니다. 내적 감각에는 필시 쾌가 있다. 왜냐하면 우리는 어떤 대상을 항상 똑같이 아름답거나 추하다고 본다. 그 대상을 다른 방식으로 판단해보려고 한다고 해도 마찬가지이다. 불쾌감을 주는 어떤 대상이 유용하다고 해도 더 '아름답게' 보이지는 않는다. 아름다운 대상이 유해하다고 해도 우리에게 더 '추하게' 보이지는 않는다. 우리에게 세상을 다 준다고 하고 그 대신 억지로 추를 아름답게, 미를 추하게 생각하라고 해보라. 너무나도 끔찍하게 협박해서 그렇게 해보라. 지각과 '내적 판단'은 한 치도 바뀌지 않을 것이다. 입으로는 당신 입맛에 맞춰 칭찬을 하거나 비난을 하겠지만 '내적 감각'은 변함없이 그대로일 것이다.

9. 그들은 이렇게 계속 말한다. 따라서 어떤 대상들은 즉각적으로 또 그 자체로 '미'가 주는 쾌의 계기이고, 우리는 이 쾌를 맛보게끔 해주는 감각이 있고, 이 쾌는 개인적이고, 이해관계와는 아무런 공통점이 없는 것 같다. 사실 얼마나 많은 경우에 '아름다운 것'을 취하고 유용한 것을 버리곤 하지 않던가? 유용함 대신 미를 취하는 이러한 고귀한 선택의 사례는 간혹 가장 무시를 받는 조건에서도 눈에 띄지 않던가? 정직한 장인은 자기를 부자로 만들어줄 작품을 제작하면서

얻게 되는 이득을 버리고 자기를 파산에 이르게 만들 걸작을 제작하면서 만족을 얻으려고 전심전력을 기울일 것이다.[11]

10. 유용성만을 고려해서 여기에 어떤 특별한 감정을, 오성과도 다르고 의지와도 다른 능력이 빚어내는 어떤 미묘한 효과를 결합시키지 않았다면, 단지 집을 유용성으로, 밭을 비옥함으로, 의복을 편리함으로만 평가했을 것이다. 그런데 아이들과 야만인들은 사물을 이렇게 협소하게 평가내리는 법이 없다. 자연을 자연 자체에 내맡기라. 그러면 내적 감각이 영향력을 행사할 것이다. 아마 대상을 잘못 파악할 수도 있겠지만 쾌를 느끼는 감각만큼은 허구가 아닐 것이다. 사치를 배격하는 준엄한 철학은 조상彫像을 파괴하고, 오벨리스크를 무너뜨리고, 궁을 오두막으로, 정원을 숲으로 바꿔버릴 테지만, 그래도 이 대상들이 실제로 '아름답다'고 느낄 것이다. 내적 감각은 이 철학에 맞서 싸울 것이고, 철학은 제가 용기가 있었지 않았느냐면서 생색이나 낼 것이다.

그래서 허치슨과 그의 학파는 '아름다움의 내적 감각'이 틀림없이 존재한다는 점을 밝히고자 하지만 '미'가 우리에게 일으키는 쾌에는 모호하고 파악할 수 없는 무엇인가가 있고, 이 쾌는 관계 및 지각에 좌우되지 않고, 유용성의 관점으로는 이를 전혀 파악할 수 없고, 이 쾌를 맛보는 사람은 열성적으로 변해 보상을 준다 해도 위협을 가한다 해도 결코 흔들리는 법이 없다는 점을 증명하는 데 그칠 뿐이다. 더욱이 이 철학자들은 육체를 가진 존재의 '절대 미'와 '상대 미'를

11. "비록 우리가 이기심을 갖고 미적 쾌감을 얻을 목적으로 아름다운 대상을 찾을 수 있다고 할지라도 […] 이러한 이득이 되는 관점에 앞서는 아름다움의 감각이 분명히 존재한다는 점이다." (Hutcheson, *op. cit.*, I. I. §XIV, pp. 58-59)

구분한다. 이들은 '절대 미'의 특징이 대상에 전적으로 내재해 있기 때문에 이를 바라보고 판단하는 마음과는 전혀 상관없이 그 자체로 대상을 '아름답게' 만들어 주는 것이라고는 생각하지 않는다. 이들은 '미'라는 말을 감각적 관념의 다른 이름들과 마찬가지로 정신의 지각을 가리킨다고 본다. 냉과 열, 단맛과 쓴맛 등을 느끼게 만드는 대상에는 그러한 감각작용과 닮은 것이 전혀 없을지라도 우리 마음은 그런 것을 감각하기 때문이다. 이 철학자들은 어떤 사람이 '미의 감각'을 타고나서 대상에 아름다움의 영광을 돌리지 않았다면 어떻게 그 대상이 아름답다고 불릴 수 있을지 알 수 없다고 말한다. 그러므로 이들은 '절대 미'란 우리가 어떤 대상을, 그 대상이 모방하고 그려내는 외부의 어떤 것과도 비교하는 일없이 그 대상 속에서 발견하게 되는 미라고 이해할 뿐이다. 그들은 자연물 속에서, 인위적인 형태 속에서, 도형, 입방체, 평면체에서 발견하는 미가 그런 것이라고 말한다. 또 그들은 '상대 미'를 우리가 공통적으로 어떤 다른 대상의 이미지이자 모방으로 간주되는 대상에서 지각한 미로 본다. 따라서 그들이 이렇게 구분하는 근거는 대상 속에 있다고 하기보다는 '미'가 우리에게 일으킨 쾌의 상이한 근원 속에 있다. 왜냐하면 당연하게도 절대 미에는 말하자면 상대 미가 있고, 또 상대 미에는 '절대 미'가 있기 때문이다.[12]

12. "[절대 미와 상대 미의 구분은] 대상 자체라기보다는 우리가 가진 감각에 대한 쾌의 다양한 토대에서 끌어온 것이다. 왜냐하면 뒤따르는 상대 미의 대부분의 사례들 역시 절대 미를 갖고, 마찬가지로 우리가 절대 미를 부여하는 대부분의 사례들 역시 어떤 점에서 상대 미를 갖기 때문이다." (Hutcheson, *Ibid.*, I. I. §XVI, p. 60)

허치슨과 그의 학파들이 주장하는 절대 미에 대하여

이 철학자들은 이렇게 말한다. 쾌를 느낄 때 '미'가 있음을 알게 해주는 고유한 감각이 필요함을 알게 되었다. 이제 이 감각을 자극하는 대상에 필요한 특성은 어떤 것인지 살펴보자. 잊지 말아야 할 것은 여기서 문제가 되는 특성은 오로지 사람과 관련된 것이라는 점이다. 왜냐하면 사람에게는 '미'의 인상을 만들어주지만 다른 동물에게는 불쾌감을 주는 많은 대상이 있음이 확실하기 때문이다. 동물의 감각과 신체기관은 사람과는 다른 식으로 적용되었기 때문에, 동물이 '미'를 판단했다면 미의 관념을 완전히 다른 형태에 적용시켰으리라. 곰은 자기 동굴이 편하다고 생각할 수 있지만 동굴이 아름답다거나 추하다거나 생각하는 일은 없다. 아마도 곰이 '미의 내적 감각'을 가졌다면 동굴을 아름다운 은신처로 생각할 것이다. 지나가는 말로, 정말 불행한 존재란 '미'의 내적 감각을 가졌지만 자기에게 해로운 대상에서만 미를 경험하게 되는 사람은 아닐지 생각해보자. 우리는 섭리에 따라 미를 얻은 것이기에 실제로 '아름다운' 것이 대개 좋은 것이다.

허치슨 학파는 사람들이 통상 어떤 계기로 미의 관념을 갖는지 찾기 위해서 도형과 같은 가장 단순한 존재를 연구한다. 그들은 우리가 아름답다고 말하는 도형은 우리 감각에 다양성 속의 단일성을 느끼게 해준다고 생각한다. 이들이 확신하건대 이등변 삼각형은 사각형보다 덜 아름답고, 오각형은 육각형보다 덜 아름답고 이런 식으로 계속된다. 왜냐하면 대상이 똑같이 단일한 경우에는 더 다양할 때 그만큼 더 아름답고, 비교될 수 있는 면面이 많으면 많을수록 그만큼 더 형태가 다양하기 때문이다. 그들은 면의 수를 훨씬 더 많이 늘리면 면들이 상호적으로 또 중심과 맺는 관계들을 보지 못하게 되는 것이 사실이라고 주장한다. 이로부터 도형의 미는 면의 수에 비례해서 늘어나는 것은 아니라는 결과가 나온다. 그들은 이렇게 반론을 제기해보지만 이 문제에 답변을 할 생각은 없다. 단지 칠각형과 홀수로 된 다른 다각형의 면은 평행이 이루어지지 않기 때문에 '미'가 감소한다는 점을 지적하는 것으로 그친다. 하지만 그들이 항상 주장하는 것은, 다른 조건이 똑같다면 스무 개의 면을 가진 규칙적인 도형은 열두 개의 면을 가진 도형보다 미적으로 우월하며, 십이면체는 팔면체보다 우월하고 팔면체는 사면체보다 우월하다는 점이다. 이들은 입방체와 평면체도 똑같이 생각한다. 정다면체 가운데 면의 숫자가 가장 많은 것이 그중 가장 아름답고, 이런 도형의 아름다움은 정 피라미드에 이르기까지 계속 감소해나간다고 생각한다.

그러나 그들이 말하는 대로 공히 단일한 형태의 대상들 가운데에서 가장 다양성을 가진 것이 가장 아름답다면 역으로 공히 다양성을 가진 대상 가운데에서 가장 단일한 형태를 가진 것이 가장 아름다울 것이다. 그래서 등변 삼각형 혹은 이등변 삼각형은 부등변 삼각형보다 더 아름답다. 사방체 혹은 마름모꼴보다 사각형이 더 아름답다. 정입방체에 대해서도, 또 일반적으로 원기둥, 프리즘, 오벨리스크 등과 같이 다소 단일한 형태를 가진 도형에 대해서도 똑같이 생각해볼 수 있다. 이들 물체가 시각적으로 단일한 형태도 없고 대칭도 없고 통일성도 없는 조잡한 도형보다 더 많은 쾌를 준다는 점에 있어서는 허치슨 학파의 의견에 동의해야 한다.

그들은 단일성과 다양성의 관계의 복합비율을 얻기 위해서 원과

구를, 타원과 편심이 적은 회전타원체와 비교한다. 그들의 주장은 전자의 완전한 단일성은 후자의 다양성으로 상쇄되고 따라서 이들의 아름다움은 거의 동등하다.[13]

그들은 자연물에서 미는 모두 토대가 동일하다고 본다. 천체의 형태와 회전과 상相을 고려하든, 하늘에서 땅으로 내려와서 땅을 덮은 초본과 꽃의 색깔, 동물의 구조, 동물의 종種, 움직임, 사지의 균형, 조직과 건강상태의 관계를 검토하든, 대기 위로 올라가서 조류와 대기현상을 연구하든, 물속으로 들어가서 어류를 비교하든, 어디에서든 다양성 속의 단일성을 찾아볼 수 있을 것이다.[14] 어디에서든 다양성과 단일성이라는 두 특성이 상쇄되면 존재들은 모두 아름답고, 두 특성의 복합비율이 불균등하면 존재들 역시 불균등하게 아름답다는 것을 보게 될 것이다. 요컨대 기하학자의 언어로 말을 해보자면, 지구 내부에서, 바다 깊은 곳에서, 대기 높은 곳에서, 전 자연 및 자연의 각 부분에서 다양성 속에 단일성이 있으며, 미는 항상 이 두 특징의 복합비율에 비례함을 보게 될 것이다.

다음으로 이들은 건축, 수공예(art mécanique), 자연에서 나온 화성과 같은 예술의 미를 다루는데, 이들 예술의 생산물은 실제의 모방이라고 생각할 수 없다. 허치슨 학파는 이들 예술을 다양성 속의 단일성의 법칙에 종속시키고자 노력한다. 여기에 증거가 부족하다면 많은 예를 들지 않아서가 아니다. 그들은 가장 훌륭한 성城에서 가장 작은 건물로, 가장 세련된 작품에서 자질구레한 것으로 내려가, 단일성이

<hr>

13. Hutcheson, *Ibid.*, I. II. §III, p. 62.
14. Hutcheson, *Ibid.*, I. II. §V-IX, pp. 63-66.

결여되면 어디서나 변덕스러워지고, 다양성이 결여되면 건조해진다는 점을 보여준다.

그러나 앞에 든 예들과는 전혀 다른 존재들의 범주가 있어서 허치슨 학파는 이것 때문에 난감해한다. 왜냐하면 이 범주에서 미를 찾게 되지만, 다양성 속의 단일성이라는 규칙은 여기에 적용이 되지 않기 때문이다. 추상적이고 보편적인 진리의 증명이 그것이다. 어떤 정리定理에 단지 이 정리가 전개된 것에 불과한 수많은 개별 진리가 들어 있다면, 그 정리는 본래 수많은 다른 정리들이 비롯하게 된 파생명제에 불과할 뿐이다. 그러나 흔히들 이것이 '아름다운 정리'이다, 하고 말하지 이것이 '아름다운 파생명제'이다, 라고는 하지 않는다.[15]

우리는 좀 더 나중에 다른 원칙을 말할 때 이 어려운 문제를 풀어보도록 할 것이다. 이제는 '상대 미'를 검토해 보자. 허치슨과 그의 학파는 상대 미를 원본을 모방했다고 간주된 대상에서 발견되는 미라고 본다.

허치슨의 학설에서 이 부분에는 특별한 데가 전혀 없다. 그에 따르면, 또 모든 사람이 그렇게 생각하듯 상대 미는 단지 원본과 모델이 일치하느냐에 달렸을 뿐이다.

따라서 원본이 전혀 아름답지 않더라도 '상대 미'가 있을 수 있다. 그림에서 숲, 산, 깎아지른 절벽, 혼돈, 늙은이의 주름, 주검의 창백함, 병 때문에 생긴 결과들을 보면 쾌를 얻는다. 시에서도 그렇다. 아리스토텔레스가 도덕적 특징이라고 쓴 것은 덕을 가진 사람의 특징을 말하는 것이 절대 아니다. 도덕극(*fabula bene morata*)이라는 말은 극의

---

15. Hutcheson, *Ibid.*, Ⅰ. Ⅲ. § I-Ⅳ, pp. 70-72.

행동, 감정, 연설이 선한 성격에 부합하거나 혹은 악한 성격에 부합하는 서사시나 극시를 가리키는 말이다.

그러나 어떤 '절대 미'를 갖춘 대상을 그린 그림이 '절대 미'를 갖추지 않은 대상을 그린 그림보다 보통 더 쾌를 느끼게 해준다는 점을 부정할 수는 없다. 아마도 이 규칙에는 단 하나의 예외가 있을 수 있겠다. 그것은 그림과 관람자의 상태가 정확히 일치하여 관람자가 모델의 절대 미에서 빠진 것을 고스란히 획득하게 되는 경우로서 이때 그림은 더욱 흥미로운 것이 된다. 이러한 흥미는 불완전하기 때문에 생긴 것이므로 이것이 흔히들 극시나 영웅시의 주인공이 결점이 없지 않은 사람이기를 바라는 까닭이다.

시와 웅변에 있는 다른 대부분의 미는 '상대 미'의 법칙을 따른다. 진실과 일치한다면 비교, 은유, 알레고리가 아름다워진다. 이들 표현이 재현하는 대상에 '절대 미'가 없을지라도 그렇다.

허치슨은 우리가 천성적으로 비교를 좋아한다고 주장한다. 그가 주장하는 비교의 기원은 다음과 같다. 정념은 거의 항상 동물에서나 우리에서나 똑같은 움직임을 만들어낸다. 자연의 무생물이 자리 잡은 모습을 보면 마음 상태에 따라 자주 사람의 취하는 자세와 닮아 보일 때가 있다. 허치슨은 사자를 분노의 상징으로, 호랑이를 잔인성의 상징으로 만드는 데 그 이상이 필요 없었다고 덧붙인다. 나무 꼭대기가 오만하게 구름 위까지 올라간 곧은 떡갈나무는 거만함의 상징이고, 격랑에 휩싸인 바다의 움직임은 분노에 차 격분하는 그림이고, 빗물 몇 방울로도 머리를 숙이는 양귀비 줄기의 부드러움은 빈사자의 이미지가 된다.[16]

이것이 허치슨의 체계이다. 확실히 진실해보이기보다는 독창적으로 보일 것이다. 그러나 그의 책을 꼭 읽어보라고 권한다. 특히 원본을 읽으라고 하고 싶다.[17] 그의 책에서 예술을 실천할 때 어떻게 완전성에 이를 수 있는지에 대한 수많은 섬세한 고찰을 읽을 수 있다. 이제는 예수회원 앙드레 신부의 생각을 설명해볼까 한다. 『미에 관한 시론』은 내가 아는 한 가장 인기가 있고, 가장 폭넓고, 가장 일관성이 있는 책이다. 감히 확신해보건대 앙드레 신부의 책은 그 책이 다루는 분야에서 장점이 있고, 『하나의 원칙으로 환원된 문예론』[18]은 해당 분야에서 장점이 있다고 하겠다. 이 두 책은 단 한 장章이 부족해서 탁월한 책이 못 되었다. 그것을 빼먹은 만큼 두 저자를 비난해야 한다. 『하나의 원칙으로 환원된 문예론』의 저자 바퇴 씨는 문예의 모든 원칙을 아름다운 자연의 모방이라는 것으로 귀결시킨다. 그런데 그는 이 '아름다운 자연'이라는 것이 무엇인지는 가르쳐주지 않는다. 앙드레 신부는 대단히 섬세하고 철학적으로 미 일반을 상이한 하위 범주들로 분류하고 이들 하위 범주를 아주 정확하게 일일이 정의한다.

16. Hutcheson, *Ibid.*, I. IV. §IV, p. 79.
17. 허치슨의 책은 1750년에 에두(Eidous)와 라제의 프랑스어 번역으로 출판되었다. Hutcheson, *Recherche sur l'origine des idées que nous avons de la beauté et de la vertu, En deux traités sur la quatrième édition anglaise* par M.-A. Eidous, G. Laget et E. Bonnot de Condillac, Amsterdam, 1750. 에두는 이후에도 허치슨의 여러 저작을 프랑스어로 번역했다. Hutcheson, *La Philosophie naturelle, civile et morale, de Hutcheson, traduction libre de l'anglois*, par M.-A. Eidous, Lyon, Regnault, 1770(이 책은 *A Short introduction to Moral Philosophy* (1747)의 번역이다).
18. Charles Batteux, *Les Beaux-Arts réduits à un seul principe* (1746). 저자는 1750년에 콜레쥬 드 프랑스의 수사학 교수로 임명되었다. 디드로는 『백과사전』의 「미」 항목을 쓰기 바로 1년 전에 『농아에 대한 편지 *Lettre sur les sourds et muets*』(1751)에서 바퇴의 문예론, 특히 '아름다운 자연 la belle Nature' 개념을 비판했다.

그런데 미 일반에 대한 정의는 그의 책 어디에도 없다. 그는 성 아우구스티누스와 같이 미는 단일성이라고 할 뿐이다. 그는 끊임없이 질서, 균형, 조화 등에 대해 말하지만 이런 관념의 기원이 무엇인지에 대해서는 한마디도 하지 않는다.

앙드레 신부는 순수 정신의 일반 개념들을 구분한다. 이 개념들로부터 '미'의 불변하는 규칙을 알게 된다. 마음이 자연스럽게 판단할 때 감정은 순수하게 정신적인 관념과 뒤섞이지만 이 관념들을 없애버리지는 않는다. 반대로 교육과 관습에서 편견이 생겨나 때때로 이 관념을 완전히 뒤엎어버리는 것 같다. 앙드레 신부는 책을 네 개의 장으로 구분했다. 첫 번째 장은 가시적인 미, 두 번째 장은 풍속의 미, 세 번째 장은 정신의 작품에서의 미, 네 번째는 음악의 미이다.

그는 이 대상들마다 세 가지 문제를 토의한다. 그는 대상마다 첫째 절대적이고, 신이 만든 것일지라도 어떤 제도적인 것과도 무관한 '본질 미', 둘째 신이 만든 제도를 따르지만 우리의 의견과 취향과는 무관한 '자연 미', 셋째 다소 임의적이지만 항구 불변하는 법칙을 따르는 '인공 미'를 찾을 수 있다고 주장한다.

'본질 미'는 규칙성, 질서, 균형, 대칭 일반으로 이루어진다. '자연 미'는 자연물에서 발견되는 규칙성, 질서, 균형, 대칭으로 이루어진다. '인공 미'는 우리가 제작한 인공물, 장식, 건축물, 정원 등에서 볼 수 있는 규칙성, 질서, 대칭, 균형으로 이루어진다. 그는 이 세 번째 '미'에 임의적인 것과 절대적인 것이 섞여 있음에 주목한다. 예를 들면 그는 건축에 두 종류의 규칙이 있다고 생각하는데 그 하나는 우리와는 무관한 '근본적이며 본질적인 미'의 개념에서 비롯했다. 이 규칙이 있어서 기둥은 반드시 수직으로 세워야 하고, 각 층은 수평이 되어야 하고, 각 부분은 대칭이 되어야 하고, 그림은 우아하고 돋보여야 하고, 전체는 통일성을 갖춰야 한다. 다른 하나는 개별적인 관찰에 기초를 두는 것으로, 대가들이 여러 시대에 걸쳐 이 규칙들을 만들었고, 이를 통해 건축의 다섯 가지 기둥 양식에서 부분들이 어떻게 균형을 맞춰야 하는지 결정했다. 이 규칙에 따라 토스카나 양식에서 원주의 높이는 밑동 직경의 일곱 배, 도리아 양식에서는 여덟 배, 이오니아 양식에서는 아홉 배, 코린트 양식에서 열 배, 혼합 양식에서도 열 배가 필요하고, 원주들은 처음부터 주신柱身의 삼분의 일까지 불룩해야 하며, 나머지 삼분의 이에서는 기둥머리로 멀어지면서 조금씩 감소하고, 두 기둥 사이의 간격은 단위 치수 여덟 이상이며 셋 이하이다. 주랑柱廊, 아케이드, 문, 창의 높이는 각자 너비의 두 배이다. 이런 규칙들은 단지 맨 눈으로 했던 관찰과 모호한 사례를 토대로 세워졌으므로 항상 다소 불확실하고 반드시 필요한 것은 아니다. 그래서 간혹 위대한 건축가는[19] 이 규칙들을 넘어서서 정황에 따라 새로운 규칙을 상상해내고 수정하고 추가하기도 한다.

그러므로 예술작품에는 '본질 미', '인간이 창조해낸 미', '체계의 미'가 있다. '본질 미'는 바로 질서이고, '인간이 창조해낸 미'는 예술가가 이 질서의 규칙을 자유롭게 의지에 따라 적용하는 것, 보다 명확하게 말하자면 그러한 질서를 선택하는 것이다. '체계의 미'는 관찰을 통해 생기는 미로, 이를 통해 대단히 박식한 예술가들 사이에서조차

----

19. 앙드레 신부는 "이탈리아에는 미켈란젤로, 팔라디오, 비뇰라, 프랑스에는 들로름, 망사르"를 예로 든다. (Yves André, *Essai sur le beau, op. cit.*, p. 32) 망사르(Jules Hardouin Mansart) (1646-1708)는 베르사유궁, 들로름(Philibert Delorme)(1515- 1570)은 루브르궁 등의 건축가이다.

Pl. I.
Les Cinq Ordres de Colonnes des Grecs et des Romains.
Toscan.
Dorique.
Ionique.
Corinthien.
Composite.
2 Modules.
2 Modules.
2 Modules.
2 Modules.
2 Modules.
Benard Fecit.
Architecture.

<그림 1> 건축의 다섯 양식

Pl. II
Dimension Generale des Ordres d'Architecture, avec le developpement
des Principales Moulures quo les Subdivisent.
Architecture
Fig. 2.me
Fig. 1.re
Echelle de
Modules

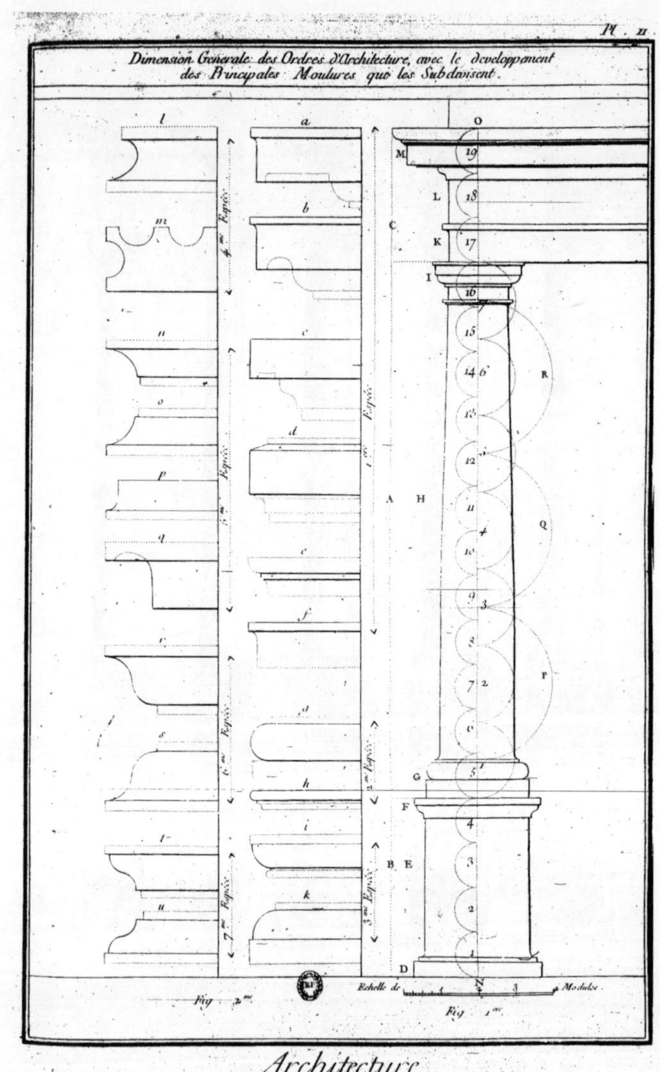

<그림 2> 건축양식의 분할

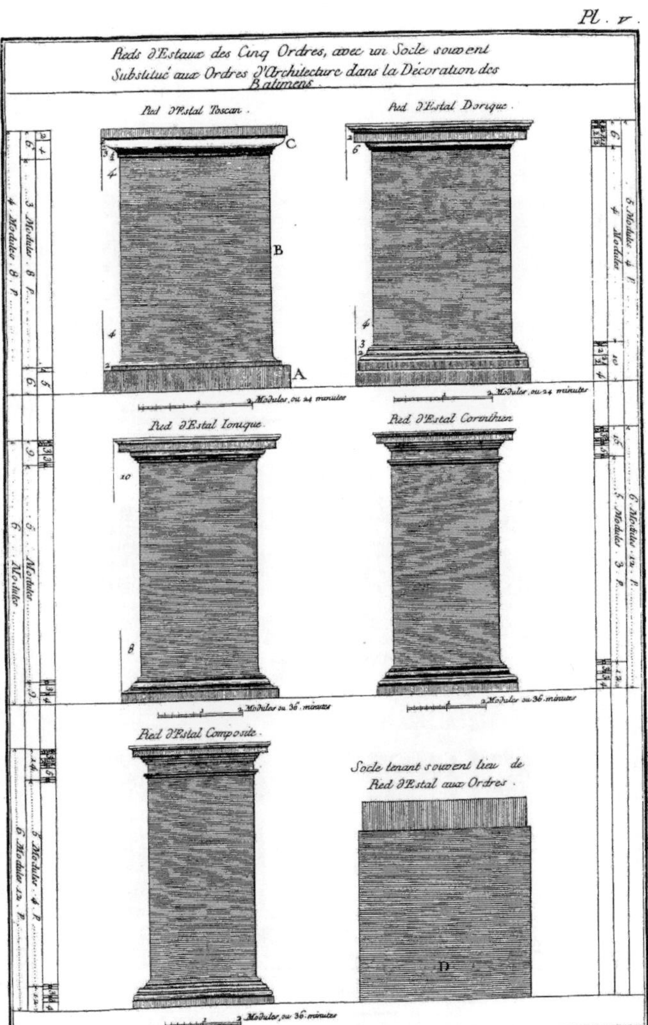

<그림 3> 다섯 건축양식 좌대

Pl. VI.
Bases des cinq Ordres avec celle nommée Attique.
Base Toscane.
Base Dorique.
Base Ionique.
Base Corinthiène.
Base Composite.
Base Attique.
2 Modules, ou 24 minutes.
2 Modules, ou 36 minutes.
Architecture.
Benard Fecit.

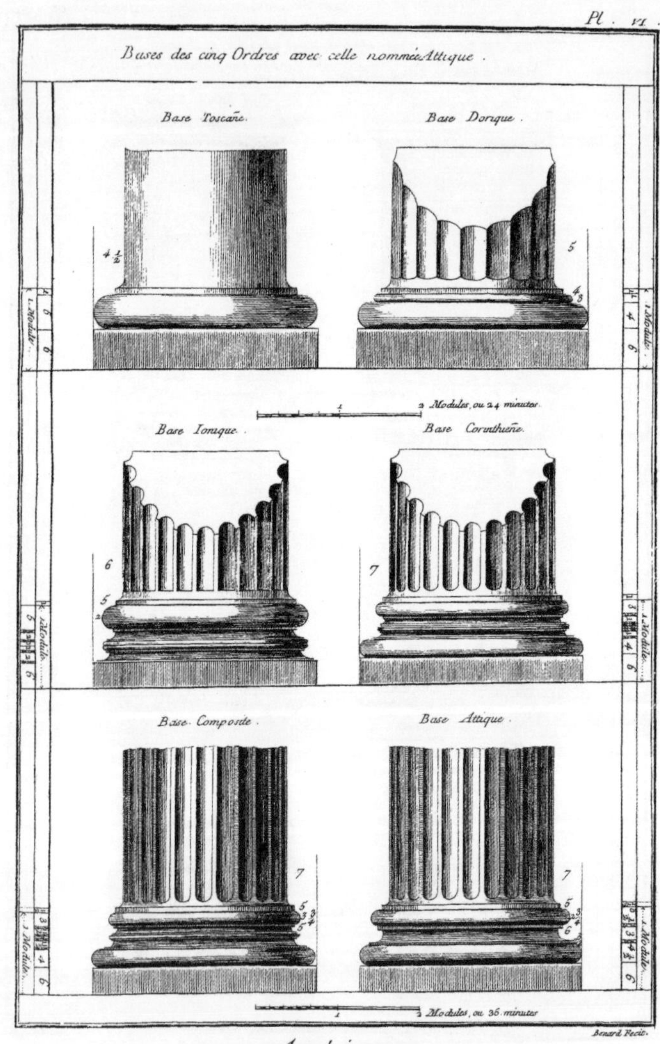

<그림 4> 건축양식 받침대

<그림 5> 건축양식의 기둥머리

다양성이 생기지만, 결코 넘어서지 못할 장벽으로서 '본질 미'가 손상이 되는 일은 없다. '바로 이곳에 청동의 벽이 있도다.'[20] 간혹 위대한 거장들이 그들의 천재성이 이끄는 대로 이 장벽을 넘어서버리게 된다면 그것은 아주 드문 경우이지만 규칙을 벗어날 때 미를 잃는 것이 아니라 더할 수도 있음을 예견했기 때문이다. 하지만 그들이 오류를 범하지 않았던 것은 아니고 이런 점에서 비난을 받을 수는 있다.

앙드레 신부는 '임의적인 미'를 '천재의 미', '취향의 미', '순수한 변덕의 미'로 세분한다. '천재의 미'는 '본질 미'에 대한 이해에 기반을 두며, 반드시 지켜야 할 규칙을 만든다. '취향의 미'는 자연물과 거장의 작품에 대한 이해에 기반을 두며, '본질 미'를 적용하고 사용하게끔 해준다. '변덕의 미'는 아무 데에도 기반을 두지 않고 전혀 수용될 수 없다.

앙드레 신부의 학설에 비추어 보면 루크레티우스와 피론주의자의 학설은 어떻게 될까? 임의적인 미에 해당하는 것으로 무엇이 남아 있는가? 전혀 없다시피 하다. 앙드레 신부는 미란 교육과 편견에서 나온 것이라고 반박하는 사람들에게 답변하기 위해 그렇게 말하는 사람들이 저지른 오류의 근원을 발전시켜보는 것으로 만족한다. 그는 이렇게 대답한다. 회의주의자들은 다음과 같이 생각했다. 그들은 가장 훌륭한 작품에서 '변덕의 미'의 예를 찾아보았다. 그들은 어렵지 않게 그 예를 찾아내서 걸작에 있다는 미란 변덕에서 나온 것이라고

20. *Hic murus aheneus esto.* 원문은 라틴어로 되어 있다. 앙드레 신부의 책에서도 같은 인용이 등장한다. (Yves André, *Essai sur le beau, op. cit.*, p. 32) 이 문장은 호라티우스의 『오드집 *Odes*』 3권, 3곡에 나온다. (Ter si resurgat murus aeneus/ Auctore Phoebo, ter pereat meis/ Excisus Argivis…)

증명을 했다. '취향의 미'의 예를 취해서 미는 임의적이라고 훌륭히 증명을 했던 것이다. 그들은 더 멀리 연구를 해보지도 않고, 예를 끝까지 열거해보지도 않았다는 점을 깨닫지도 못하고 결론을 내리기를 '미'라고 불리는 모든 것은 임의적이고 변덕스럽다는 것이다. 하지만 그들의 결론이 고작해야 '인공 미'의 세 번째 분야에서나 정당할 뿐, 인공 미의 다른 두 분야인 자연 미와 본질 미에 대해서는 전혀 공박하지 못했다는 점을 쉽게 알 수 있다.

그 다음에 앙드레 신부는 자신이 제시한 원칙을 풍속, 정신의 작품, 음악에 적용해보고, 이 세 가지 미의 대상에 절대적이고, 신이 만든 것일지라도 제도적인 것과는 전혀 다르고 단일성을 부여하는 '본질 미', 창조주의 제도에 속하지만 우리와는 전혀 다른 '자연 미', 우리에게 속하지만 '본질 미'를 해치지 않는 '임의적인 미'가 있음을 증명한다.

풍속, 정신의 작품, 음악에서 '본질 미'는 구성, 규칙성, 균형, 정확성, 절제, 조화를 기초로 하며, '아름다운 행동', '훌륭한 연극', '아름다운 연주'에서 두드러지게 나타나고, 도덕, 지성, 화성의 작품에 '단일성'을 부여한다.

'자연 미'는 풍속에서는 자연의 존재들 가운데에서 우리는 무엇인가의 문제와 비교해서 우리의 행동에 있는 '본질적인 미'를 관찰하는 것이다. 정신의 작품에서는 자연이 빚어낸 모든 종류의 산물을 충실히 모방하고 그려내는 것이다. 화성에서는 악기에서 음이 발생하고, 음이 공명하고, 청각기관에서 음을 받아들일 때 자연이 도입한 법칙을 따르는 것이다.

'인공 미'는 풍속에서는 국가의 관습, 시민의 정수, 시민법을 따르는 것이고, 정신의 작품에서는 말의 규칙을 존중하고, 언어를 이해하고, 지배적인 취향을 따르는 것이고, 음악에서는 불협화음을 적절하게 삽입하고, 작품을 앞서 연주한 빠르기와 음정에 조화시키는 것이다.

따라서 앙드레 신부는 '본질 미'와 진리가 풍부하게 나타나는 곳은 오직 우주에서이고, '도덕 미'가 풍부하게 나타나는 곳은 오직 기독교 철학자에서이고, '지성 미'가 풍부하게 나타나는 곳은 오직 음악과 무대장치를 갖춘 비극에서라고 결론 내린다.

『공과 덕에 관한 시론』[21]을 쓴 섀프츠베리는 미를 이렇게 나눠놓는 구분이란 구분을 모조리 거부하고 다른 많은 사람들처럼 미의 토대는 유용성에 있다고 주장한다. 그래서 정해진 결과를 가장 완벽하게 산출하도록 구성된 모든 것은 최고도로 아름답다. '아름다운 사람'이란 누구요, 하고 섀프츠베리에게 묻는다면 사지육신이 제대로 균형 잡혀 있어서 인간의 동물적인 기능을 완수하는 데 가장 적합하게끔 갖춰진 사람이라고 대답할 것이다. 아울러 남자, 여자, 말과 다른 동물들은 자연에서 하나의 지위를 점한다. 그런데 자연에서 이렇게 지위를 차지할 때 완수해야 할 의무 또한 정해지고, 그러한 의무에 따라 신체기관이 조직된다. 동물이 기능을 충실히 수행하려면 몸이 수월하게 적응되어야 하는데 그 적응된 정도에 따라 신체조직은 더 완전하고 아름답거나 덜 완전하고 아름답다. 그러나 수월하다는 것은 임의적인 것이 아니다. 따라서 수월할 수 있게 만들어진 형태도 아니고 이 형태에 좌지우지되는 '미'도 아니다. 그 다음으로 섀프츠베리는 의자, 탁

21. Anthony Ashley Cooper Shaftesbury, *Inquiry concerning Virtue and Merit* (1699). 디드로는 1745년에 이 책을 프랑스어로 번역했다.

자, 문 등과 같이 가장 공통된 대상으로 내려오면서 이들 대상의 형태는 대상에 정해진 용례에 형태가 보다 잘 부합함에 따라서만 우리에게 보기 좋을 뿐이라는 점을 증명하고자 할 것이다. 유행이라는 것이 그토록 자주 변한다면, 다시 말하면 우리가 대상에 형태를 부여해 놓고 이에 대한 취향이 그토록 일관되지 못하다면 그것은 이렇게 형태와 용례가 가장 완전하게 일치하는 일은 좀처럼 발견하기 어렵기 때문이다. 자연적이든 인위적이든 기하학이 아무리 섬세하게 계산을 해도 포착할 수 없는 일종의 '최고도(maximum)'가 있으며, 우리는 그 주위를 끊임없이 돌고 있을 뿐이다. 그 최고도에 가까이 다가가고 이를 넘어설 때 경탄을 하게 된다. 그러나 단 한 번이라도 그곳에 다다랐다고 확신하지는 못한다. 이 때문에 형태는 영원히 순환운동을 하게 된다. 이 형태를 버리고 다른 형태를 찾든가, 형태를 그대로 간직할 때는 끝도 없이 논쟁을 한다. 더욱이 이 최고도의 지점은 항상 같은 곳에 있지 않다. 많은 경우 이 최고도의 지점은 경계가 더 넓어지거나 더 좁아진다. 이 생각을 이해하기 위해서는 몇 가지 예를 드는 것으로 충분할 것이다. 새프츠베리는 계속해서 모든 사람들이 똑같이 주의를 기울일 수 없고, 똑같이 머리를 쓸 수도 없다고 말한다. 그들 모두는 더 인내심을 가졌거나 덜 가졌고, 더 배웠거나 덜 배웠고, 이런 식이다. 이렇듯 다양하니 어떤 결과가 생길까? 이런 이유로 아카데미회원들은 코르네이유의 비극 『헤라클레스』[22]에서 극의 전개가 대단하다 생각하겠지만, 민중은 줄거리가 뒤죽박죽이라고 생각한다.

22. 1647년에 초연된 코르네이유의 5막 비극. 원제는 『동방의 제왕 헤라클리우스 *Héraclius, empereur d'Orient*』.

어떤 사람들은 희극을 3막으로 줄이자고 하는데 다른 사람들은 7막으로 늘리자고 한다. 따라서 이 학설이 아주 그럴듯해 보이지만 나로서는 받아들일 수 없다.

내가 섀프츠베리와 동의하는 것은 우리의 모든 판단들에 우리 자신의 본성에 대한 세심한 눈길과 눈에 띠지 않는 자성自省을 결부시키고, 수많은 경우 우리는 오직 아름다운 형태를 볼 때 매혹된다고 믿는데, 사실 아름다운 형태가 감탄을 일으키는 일차 원인인 것은 맞지만 단 하나의 원인은 아니라는 점이다. 또한 나는 이렇게 감탄하는 일이 우리가 생각하는 것처럼 항상 순수한 것은 아니라는 점에 동의한다. 그런데 학설을 뒤집어엎는 데는 한 가지 사실이면 족하므로 예전에 섀프츠베리의 사상에 아무리 애착을 가졌더라도 그의 학설을 버리지 않을 수 없다. 그 이유를 말해보자.

부분들이 동일하면 주의를 기울이게 된다는 경험은 누구라도 해본 적이 있다. 유사성이 유용성과 전혀 상관없는 경우에서도 역시 그렇다. 의자 네 다리가 길이가 똑같고 튼튼하면 됐지, 모두 모양이 같아봤자 뭘 하겠는가? 이점에 있어서 유용성은 못하지 않지만 네 다리가 다 제각각일 수 있다. 하나는 곧고, 다른 하나는 암사슴 발 모양일 수 있고, 또 하나는 밖으로 굽고 다른 하나는 안으로 굽을 수 있다. 문을 관棺 모양으로 만든다면 아마도 그 형태는 우리가 따르는 어떤 형태보다 사람 얼굴과 훌륭히 어울릴 것이다. 건축에서 자연과 자연의 산물을 모방하는 것은 어떤 유용성이 있는가? 나무 기둥이나 석재면 충분할 곳에 왜 장식을 하고 원주 기둥을 올려놓는가? 여인상 기둥을 세워 봤자 뭘 하겠는가? 원주 기둥이 사람 역할을 하게 세워진 것인가, 사람이 현관 모퉁이의 기둥 역할을 하는 것인가?

Suppl. Pl. 15.
Ann. Carac. Inv.
Benard Direx.
Architecture, Cariatides.

<그림 6> 여인상 조각

기둥 수평부에다 왜 자연물을 모방해서 새겨놓는가? 이렇게 모방할 때 균형이 제대로 지켜졌는지, 그렇지 않은지 하는 것이 뭐가 중요한가? 유용성만이 '미'의 토대라면 부조浮彫장식, 세로로 판 홈, 난간 모퉁이 장식, 기타 장식은 모두 우스꽝스럽고 과잉이 되고 만다.

그러나 즐거움을 준다는 목적 하나뿐인 사물들에서 모방의 취향이 느껴지면, 유용성의 개념은 전혀 의식하지 않고 형태를 보고 감탄을 하곤 한다. 말 주인이 말의 형태를 꼭 말이 자기에게 해주는 봉사와 비교를 해서야 아름답다는 생각을 할지라도, 말을 소유하지 못한 행인들의 사정은 전혀 이와 같지 않다. 마지막으로 우리는 매일같이 무엇에 쓰는 것인지 용도를 전혀 모르는 수만 가지 꽃, 초본, 자연물에서 '미'를 발견한다.

내가 반박한 학설에 대해 좀 전에 제시했던 난점들 가운데 그 무엇에도 답변을 하려면 할 수 있으리라고 본다. 그러나 내가 생각하기에 그 답변은 확고하다기보다는 미묘한 것이리라.

앞선 논의로부터 플라톤은 제자들에게 진리를 가르칠 생각이라기보다는 소피스트의 속셈에 대해 시민을 각성시키고자 했기 때문에 그의 책을 읽어보면 매순간 미의 예가 등장하고, 무엇이 미가 아닌지 제대로 보여주지만 정작 미가 무엇인지에 대해서는 전혀 말하지 않는 일이 벌어진다.

성 아우구스티누스는 미를 단일성 혹은 전체의 부분들이 서로 맺는 정확한 관계로 환원하고, 또 그 중의 한 부분을 전체로 간주하면, 그 부분의 부분들이 맺는 정확한 관계로 환원하고, 이런 식으로 무한히 환원시킨다. 내가 보기에 이것은 미의 본질이라기보다는 완전성의 본질을 구성하는 듯하다.

볼프 씨는 미와 미가 계기가 된 쾌를 혼동했고, 이를 또 완전성과 혼동했다. 그렇지만 아름답지 않아도 쾌를 주는 존재가 있고, 쾌를 주지 않고도 아름다운 존재들이 있다. 최대한 완전성을 가질 수 있지만 최소한의 '미'를 가질 수 없을 수도 있다. 후각과 미각의 대상 모두가 해당 감각과 관련지어 보면 그런 경우이다.

크루자 씨는 미를 정의하려고 하면서 자기가 미의 특징을 여러 개로 늘려놓으면 놓을수록 미가 점점 더 개별화되고, 미 일반을 다루고자 하면서 정작 특수한 몇몇 종류의 미에나 적용될 수 있을 뿐인 개념에서 출발했다는 점을 깨닫지 못했다.

허치슨은 두 가지 목표를 제시했다. 첫 번째는 미를 마주볼 때 우리가 느끼는 쾌의 기원을 설명하는 것이고, 두 번째는 개별적인 쾌가 우리 안에서 일어나게 되어 그 결과 우리에게 아름다운 것으로 나타나려면 존재는 어떤 특징을 가져야 하는지 연구하는 것이다. 허치슨은 '육감이 실제로 존재'한다는 것을 증명했다기보다는 우리가 '미'에서 얻는 쾌의 근원을 육감의 도움 없이 설명하기가 어렵다는 것을 알게 해주었다. 그가 제시한 '다양성 속의 단일성'이라는 원칙은 보편적이지 못하다. 그는 이를 기하학의 도형에 적용을 해보지만 이는 진실이라기보다는 미묘한 것이라고 볼 수 있다. 이 원칙은 보편적이고 추상적인 진리 증명의 미와 같은 다른 종류의 미에는 결코 적용이 안 된다.

『공과 덕에 관한 시론』에서 섀프츠베리가 제시한 학설은 유용성을 미의 유일하고 단일한 기초로 보는 것인데, 이것은 앞선 어떤 것보다 문제가 많다.

마지막으로 예수회원이자 『미에 관한 시론』을 쓴 앙드레 신부는 지금까지 이 주제를 가장 잘 심화시킨 사람이다. 그는 이 문제가 얼마나 광범하며 어려운지 가장 잘 이해했던 사람이며, 가장 확실하고 견고한 원칙을 제시했으므로 그의 책은 단연 읽을 가치가 있다.

아마도 앙드레 신부의 책에서 아쉬운 한 가지는 우리 안에 존재하는 관계, 질서, 대칭과 같은 개념의 기원이 설명되지 않았다는 점이다. 그는 이들 개념을 숭고한 어조로 설명하지만 그가 이들 개념을 나중에 획득된 인위적인 것으로 보는지, 아니면 원래 우리가 갖고 태어난 본유적인 것으로 보는지 알 수 없다. 그러나 그의 편에 서서 철학적인 이상으로 웅변적인 그의 책의 주제가 이러한 논의에서 멀어졌다는 점을 덧붙여야겠다. 이제 그 논의로 들어가 보자.

우리는 생각하고 느끼는 능력을 갖고 태어난다. 생각하는 능력이 첫 발을 내딛으면서, 지각을 검토하게 되고, 통합하고, 비교하고, 결합하고, 여러 지각이 조화를 이루느냐 부조화 하느냐 하는 관계를 알게 된다. 우리는 욕구를 갖고 태어나기 때문에 다양한 수단에 도움을 청하지 않을 수 없고, 예상했던 결과에 따라, 또 산출된 결과에 따라 이들 다양한 수단 가운데, 좋은 것, 나쁜 것, 신속한 것, 짧은 것, 완전한 것, 불완전한 것 등이 있음을 확신하게 되었다. 이들 수단의 대부분은 연장이나 기계, 혹은 그런 종류의 발명품이었다. 그러나 모든 기계는 동일한 하나의 목적을 향한 부분들의 배치 및 결합을 전제로 한다. 그러므로 우리가 욕구가 생기면 우리의 능력은 신속히 실행된다. 우리가 태어나자마자 우리가 가진 능력들이 한데 합쳐져 질서, 배치, 균형, 구조, 균형, 통일성에 대한 관념들이 우리에게 생긴다. 이 모든 관념은 감각에서 나오며 따라서 인위적이다. 우리는 인공적이고 자연

적인, 조정되고, 균형을 이루고, 결합되고, 대칭을 이루는 무수한 존재
들의 개념에서 출발해서 질서, 배치, 균형, 결합, 관계, 대칭과 같은
긍정적이고 추상적인 개념 및 불균형, 무질서, 혼돈과 같은 부정적이
고 추상적인 개념으로 나아갔다.

　이들 개념은 모든 다른 개념들처럼 경험적[23]이다. 우리는 감각을
통해서 이런 개념을 알게 되었다. 신이 존재하지 않을지라도 우리는
이들 개념을 가질 수 있을 것이다. 우리 속에는 이들 개념이 신 존재
개념보다 훨씬 먼저 존재했다. 그런 개념은 길이, 너비, 깊이, 양, 수의
개념만큼이나 긍정적이며 분명하고 명확하고 실제로 존재하며, 이들
개념의 근원은 우리의 필요와 우리가 가진 능력의 실행에 있기 때문
에, 지구상에 이러한 관념들의 이름이 없는 언어를 사용하는 민족이
있을 수도 있다. 하지만 이들 개념은 확장된 정도가 더한가 덜한가,

* *

23.　경험적(expérimental). 달랑베르는 이 말을 "자연의 법칙을 발견하기 위해 경험의
　　방법을 사용하는 것"이라고 정의한다. 18세기 초에 뉴턴의 물리학을 이런 이름으
　　로 불렀다. 왜냐하면 뉴턴은 데카르트와는 달리 가설을 세우는 것이 아니라 경험
　　을 종합하는 것으로부터 시작해야 한다고 주장하기 때문이다. 달랑베르는 "경험
　　에 근거한 자연학의 실질적인 첫 번째 목적이 되는 것이 물체의 일반적인 속성이
　　다. 관찰을 통해 우리는 이를 알 수 있다. 그러나 경험만이 결과를 측정하고
　　한정할 수 있다. 예를 들어 중력의 현상이 그렇다. 어떤 이론도 질량이 있는
　　물체가 수직낙하를 하면서 따르는 법칙을 발견하지 못한다. 그러나 이 법칙은
　　경험상 한 번 알려지게 되면 질량을 가진 물체의 운동에 관련된 모든 것은 이
　　이론에 따라 설명된다"고 썼다.(달랑베르, 『백과사전』 「경험적」 항목, VI: 298)
　　이러한 생각은 프랜시스 베이컨의 『신기관』에서 직접 가져온 것이다. 베이컨은
　　"진정한 실험의 길은, 실험을 통해 새로운 성과를 얻는 길은 하느님의 지혜와
　　그 정한 순서를 본받는 것"이라고 주장했으며, "무슨 실험을 하든지 우선 원인과
　　진실된 공리를 찾아내는 데 주력할 것이요, 이익을 가져오는 '수익 실험'보다는
　　빛을 가져오는 '계명啓明 실험'에 치중해야 한다"고 썼다. (베이컨, 『신기관』, 1권
　　§70, 진석용 역, 한길사, 2001, p. 77)

발전된 정도가 더한가 덜한가, 기초한 경험의 숫자가 더 많은가, 덜한가, 적용된 존재의 수가 더 많은가 덜한가의 차이는 있어도 머릿속에 존재는 할 것이다. 어떤 민족과 다른 민족 사이에서, 똑같은 민족이라도 어떤 사람과 다른 사람 사이에 있을 수 있는 모든 차이가 바로 여기 있기 때문이다. 질서, 균형, 관계, 화성이라는 추상 개념을 가리키기 위해 제 아무리 숭고한 표현을 사용한다고 할지라도, 원한다면 이들 개념을 '불변하는', '본래의', '지고한', '미의 본질적인 규칙'이라고 부를 수는 있어도, 이런 개념들은 가장 저급한 개념들과 마찬가지로 우리의 감각을 거쳐서 오성에 들어온 것이며, 그래서 우리의 정신이 추상화시킨 것일 뿐이다.

그러나 우리의 지성적 능력이 연마되고 여러 가지 발명도 생기고 기계도 만들어지면서 부족한 것을 마련하지 않을 수 없게 되자마자, 질서, 관계, 균형, 연관, 배열, 대칭과 같은 개념이 오성에 처음으로 그려졌고, 이와 똑같은 개념이 말하자면 무한히 반복되고 있는 존재들이 우리를 둘러싸고 있음을 생각하게 되었다. 무엇인가가 만들어져서 이들 개념을 깨워내지 않았다면 우리는 세상 속으로 한 발자국도 들여놓을 수가 없었으리라. 이 개념들은 매 순간, 사방에서 우리의 마음속으로 들어왔다. 우리 안에서 일어났던 모든 것, 우리 밖에 존재했던 모든 것, 수 세기가 흐른 뒤에 남은 모든 것, 우리 눈앞에서 동시대 사람들이 노동하고, 성찰하고, 발견하면서 산출했던 모든 것이 우리에게 질서, 관계, 배열, 균형, 조화, 부조화와 같은 개념들을 끊임없이 주입해온 것이다. 그래서 아마도 존재 개념을 제외한다면 지금 우리가 다루는 미의 개념만큼 사람들이 친숙해질 수 있었을 개념이 없다.

절대적이든 상대적이든, 일반적이든 개별적이든 미의 개념에는 질서, 관계, 균형, 배치, 대칭, 조화, 부조화의 개념만이 포함된다면, 이 개념들이 존재, 수, 길이, 너비, 깊이, 그리고 논박할 수 없는 수많은 다른 개념과 다른 원천에서 비롯된 것이 아니지만, 내가 보기에는 처음에 언급했던 개념을 사용할 수 있을 것 같다. 그래야만 이런 용어가 아니라 저런 용어를 써서 악순환에 빠지고 말았다는 비판을 피할 수 있게 된다.

'미'라는 말을 못 가져다 붙일 데가 없다. 하지만 존재들 사이에 있는 차이와는 상관없이 미라는 말을 우리가 잘못 사용하는 것이 아니라면 모든 존재에는 미라는 말을 기호로 삼을 수 있는 특징이 반드시 있어야 한다.

이 특징은 존재를 특별하게 만들어주는 차이를 구성하는 특징과는 다르다. 왜냐하면 그렇게 되면 아름다운 존재는 단 하나뿐이거나 단 하나의 종만이 아름다울 것이기 때문이다.

그러나 우리가 아름답다고 부르는 모든 존재가 공통으로 가진 특징 가운데 어떤 것을 미라는 말을 기호로 삼을 수 있는 것으로 선택할 수 있을까? 어떤 것일까? 내가 보기에 그것은 무엇인가가 있어야 사물이 아름답게 되는 특징이라는 것이 명백하다. 그 특징이 빈번하게 나타나거나 드물게 나타날 수 있다면 그 빈도에 따라 사물은 더 혹은 덜 아름답게 되며, 그 특징이 부재하면 사물은 더 이상 아름답지 않게 된다. 종의 아름다움을 변화시키지 않고서는 본성이 바뀌지 않고, 반대가 되는 특징이 있다면 가장 아름다운 것이 불쾌하고 추해진다. 한마디로 말해서 이 특징으로부터 미가 출발하고, 증가하고, 무한히 변화하고, 쇠락하고, 사라진다. 그런데 이런 결과를 가능하게 해주는 것은 '관계' 개념밖에는 없다.

그러므로 내 오성에서 관계의 관념을 일깨우는 것을 그 자체로 포함하는 모든 것을 내 외부에 존재하는 미라고 부르고, 이 관념을 일깨우는 모든 것을 나와 관련한 미라고 부를 것이다.[24]

여기서 나는 '모든 것을'이라고 말한다. 하지만 나는 미각과 후각에 관련한 특징은 여기서 제외한다. 이 특징이 우리 마음속에 관계의 관념을 일깨울 수 있을지 모른다. 그러나 그러한 특징이 내재한 대상이 있고, 그 대상을 단지 대상에 내재한 특징만 가지고 생각해서 아름답다고 하지는 않는다. '훌륭한 식사', '달콤한 향기'라고 말하기는 하지만 '아름다운 식사', '아름다운 향기'라고는 하지 않는다. 그러므로 '아름다운 광어가 있습니다', '아름다운 장미가 있습니다'라고 말할 때는 장미와 광어에서 미각과 후각과 관련한 특징과는 다른 특징을 고려하는 것이다.

내가 '내 오성에서 관계들의 관념을 일깨우는 것을 그 자체로 포함하는 모든 것' 혹은 '이 관념을 일깨우는 모든 것'이라고 말한다면, 그것은 대상 속에 내재하는 형식들과 이에 대해 내가 가진 개념을 구분해야 하기 때문이다. 내 오성은 대상에 아무것도 덧붙이지 않고 아무것도 빼지 않는다. 내가 루브르의 정면을 생각하거나 생각하지 않아도, 루브르의 정면을 구성하는 모든 부분들은 그 안에 이러저러한 형태를 갖고 있고, 또 이러저러하게 배치되어 있다. 사람들이 있건 없건 루브르 정면은 아름답다. 하지만 그것은 우리처럼 육체와 정신이 결합된 가능한 존재에게만 아름다운 것이다. 왜냐하면 다른 존재

24. 역자 해제를 참조

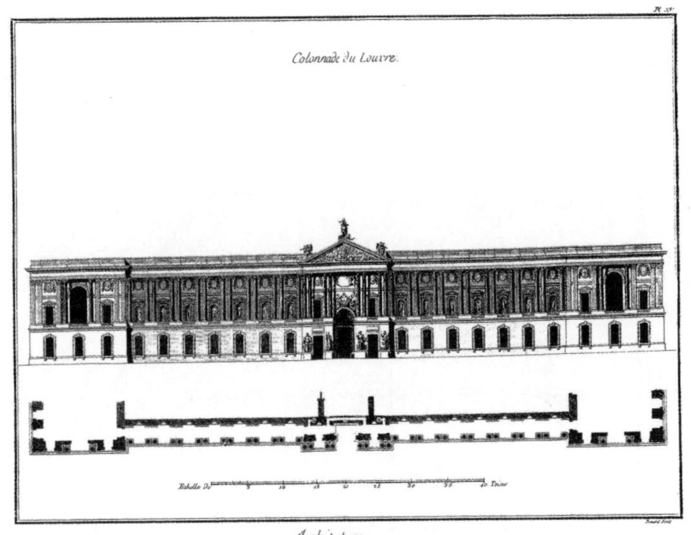

<그림 7> 루브르 정면

는 그것을 아름답지도 추하지도 않게 보거나 심지어 추하다고 볼 수도 있기 때문이다. 따라서 '절대 미'가 존재하지 않을지라도 우리와 관련해서 보면 '실제 미'와 '지각된 미'라는 두 가지 종류의 미가 존재하게 된다.

내가 '우리 안에서 관계들의 관념을 일깨우는 모든 것'이라고 말할 때 그것은 어떤 존재를 아름답다고 하기 위해서 지배적인 관계의 종류가 무엇인지 평가해야 한다는 말이 아니다. 나는 건축물의 한 부분을 보는 사람이 건축가 자신도 모를 수 있는 것을 확신할 수 있어야 한다고 주장하는 것이 아니다. 이 부분과 저 부분이 맺는 관계는 어떤 수가 다른 수와 맺는 관계와 같고, 음악 연주를 듣는 사람이 간혹 음악가가 알고 있는 이상으로, 어떤 소리와 다른 소리의 관계가

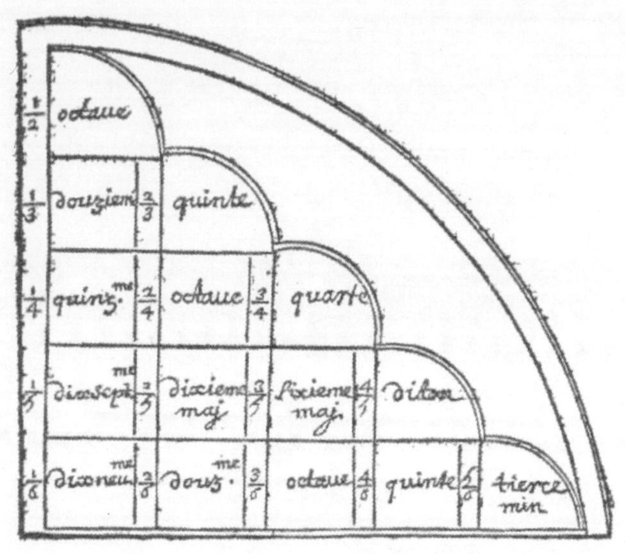

<그림 8> 일현금분할과 협화음정표

둘과 넷의 관계, 혹은 넷과 다섯의 관계[25]에 있다는 것을 반드시 알아야 하는 것은 아니다. 이 건축물의 각 부분이, 이 음악곡의 음들이 서로 또는 다른 대상 사이에 관계를 가지고 있음을 지각하고 느끼는 것으로 충분하다. 이 관계가 확정되어 있지 않고, 이들 관계를 쉽게

----

25. 두 음사이의 관계가 2:4라는 것은, 이 관계를 약분했을 때 1:2가 되므로 첫 번째 음이 두 번째 음보다 한 옥타브 낮다는 것이며, 4:5라는 것은 두 음이 장 3도의 관계에 있다는 것이다. 일현금의 분할에서 1을 도라고 한다면 2는 한 옥타브 높은 도, 4는 두 옥타브가 높은 도, 8은 세 옥타브가 높은 도를 가리킨 다. 이 분할 계산법에 따르면 5도 음정은 2:3, 4도 음정은 3:4, 장 3도 음정은 4:5, 단 3도 음정은 5:6의 관계를 표시한다. 그런데 4가 두 옥타브가 높은 도이므로 4:5로 표현되는 음은 1과 비교했을 때 17번째의 미 음이 된다.

이해할 수 있고, 이 관계를 지각하는 데 쾌가 동반된다는 점을 미루어 보면 미는 이성보다는 감정에 관한 것이라고 생각할 수 있다. 내가 감히 확신하건대 가장 민감한 유년기부터 우리가 어떤 원칙을 알게 되고, 익숙해짐에 따라 우리 외부에 놓인 대상에 수월하고 신속하게 적용을 하게 될 때마다, 감정에 따라 이를 판단한다고 믿게 되는 것 같다. 하지만 이 관계들이 복잡해지고 대상의 새로운 면모를 보게 되어 원칙의 적용을 유보하게 될 때마다 우리는 방금 전의 생각이 틀렸다는 것을 고백하지 않을 수 없을 것이다. 그래서 쾌가 느껴지려면 오성이 이 대상은 아름답다고 선언할 때까지 기다려야 한다. 게다가 같은 경우에 판단은 거의 항상 '상대 미'로부터 나오는 것이지 '실재 미'에서가 아닌 것이다.

이 관계를 풍속에서 고려하고 '도덕의 미'를 가지거나, 문학 작품에서 고려하고 '문학의 미'를 가지거나, 음악 작품에서 고려하고 '음악의 미'를 가지거나, 자연물 속에서 고려하고 '자연 미'를 가지거나, 인간의 공예품에서 고려하고 '인공 미'를 가지거나, 자연물이나 예술품을 재현하는 데에서 고려하고 '모방의 미'를 가지거나 한다. 하나의 대상에서 관계를 어떤 목적으로 고려하든, 어떤 양상으로 고려하든, 미는 다양한 이름을 가질 것이다.

그러나 동일한 대상은 그것이 무엇이건 간에 그 자체로 홀로 고려될 수도 있고 다른 것과 상대적으로 고려될 수도 있다. 내가 어떤 꽃을 보고 아름답다고 말하거나, 어떤 물고기를 두고 아름답다고 말할 때 이는 무슨 말인가? 내가 이 꽃, 이 물고기를 고립시켜서 고려한다면, 내가 이 꽃과 물고기를 이루는 부분들에 질서, 배치, 균형, 관계가(왜냐하면 이 모든 말은 관계들 자체를 고려하는 다양한 방식들을 지시

할 뿐이기 때문이다)있다는 것을 발견한다는 것 말고는 다른 말이 아니다. 이런 의미에서 모든 꽃은 아름답고 모든 물고기는 아름답다. 하지만 어떤 종류의 아름다움인가? 그것이 내가 '실재의 미'라고 부르는 것이다.

내가 꽃과 물고기를 다른 꽃들과 다른 물고기들과 관련하여 고려한다면, 내가 이들이 아름답다고 말할 때, 이 말은 그들 종에 속한 존재들 사이에서 즉, 꽃들 중에서 이것이, 물고기들 중에서 저것이 내 안에서 관계의 관념들의 최고를, 어떤 관계들의 최고를 일깨운다는 것을 의미한다. 왜냐하면 나는 바로 모든 관계들의 본성이 동일하지 않으므로, 이 관계들은 정도의 차이는 있어도 어떤 것보다 다른 것을 더 아름답게 해준다는 점을 보여줄 것이다. 그러나 내가 확신할 수 있는 것은 사물을 고려하는 이 새로운 방식으로 보면, 미가 있고 추가 있다는 점이다. 그러나 어떤 미이며, 어떤 추인가? 이것이 '상대적'이라고 불리는 미이다.

만일 물고기 한 마리나 꽃 한 송이를 취하는 대신에 일반화를 시켜서 식물이나 동물을 취해본다든지, 개별화를 시켜서 장미와 광어를 취해본다면, 이로부터 항상 '상대 미'와 '실제 미'의 구분을 끌어낼 수 있을 것이다.

이로부터 우리는 여러 가지 '상대 미'가 존재하며, 한 송이의 튤립은 튤립 전체 사이에서 아름답거나 추할 수 있고, 꽃 전체 사이에서 아름답거나 추할 수 있고, 식물 전체 사이에서 아름답거나 추할 수 있고, 자연물 전체 사이에서 아름답거나 추할 수 있다는 것을 알게 된다.

하지만 몇몇 장미들과 몇몇 광어들이 모든 장미들과 모든 광어들 가운데에서 아름답거나 추하다고 말할 수 있으려면 많은 수의 장미와 광어를 보았어야 했고, 장미와 광어가 식물과 물고기 가운데에서 아름답거나 추하다고 말할 수 있으려면 많은 수의 식물과 물고기를 보았어야 했고, 자연물 가운데에서 아름답거나 추하다고 말할 수 있으려면 자연에 대한 엄청난 지식을 가져야 한다는 점을 알 수 있다.

그러므로 예술가에게 '아름다운 자연을 모방하시오'라고 말할 때 이 말의 뜻은 무엇인가? 무슨 충고를 하는지 모르는 것이 아니라면, 다음처럼 말하는 것이다. 꽃 한 송이를 그려야 하는데 어떤 것을 그린대도 상관이 없다면 꽃 중에 가장 아름다운 것을 그리시오. 그리고 식물을 그려야 하는데 떡갈나무이든 느릅나무이든, 마르든 꺾이든 베이든 부러지든 주제와 무관하다면 식물 가운데 가장 아름다운 것을 그리시오. 자연물을 그려야 하는데 무엇을 선택하든 상관이 없다면 가장 아름다운 것을 그리시오.

이로부터 다음과 같은 결과가 나온다. 1. 아름다운 자연의 모방이라는 원칙은 자연이 만들어낸 모든 종류의 산물에 대한 가장 심오하고 넓은 연구를 필요로 한다.

2. 자연에 대한 가장 완전한 지식과 자연이 존재 하나하나의 산물을 만들 때 규정해 둔 한계를 알게 될지라도, 가장 '아름다운' 것이 모방의 예술에서 사용될 수 있을 경우들의 수와 가장 덜 '아름다운' 것을 선호해야 하는 경우들의 수는 1과 무한의 관계와 같다.

3. 자연물 하나하나를 그 자체로 고려해 봤을 때나 모범으로 삼기 위해서나 그 안에 '미'의 '최고도'가 실제로 있을지라도, 자연이 창조할 수 있는 가장 아름다운 장미가 떡갈나무만한 높이와 너비를 갖지 않더라도, 자연의 산물을 모방 예술에서 사용될 수 있는 용례와 관련해서 고려해본다면 여기에는 미도 추도 없다.

어떤 존재의 본성에 따라, 이 존재가 우리에게서 관계들의 보다 큰 수를 지각할 수 있게 함에 따라, 그 존재가 불러일으킨 관계들의 본성에 따라 이 존재는 '예쁘'고 '아름답'고 '보다 아름답'고 '매우 아름답'거나 '추하'다. 그리고 '낮'고 '작'고 '크'고 '높'고 '숭고하'고 '지나치'고 '우스꽝스럽'거나 '재미있'다. 이 모두를 세부적으로 다루게 된다면 대단히 방대한 저작을 만드는 일이라 사전의 한 개 항목에서 할 수 있는 일이 아니다. 원칙을 보여주었던 것으로 충분하다. 이 원칙의 결과가 무엇인지 어떻게 적용되는지는 독자의 몫으로 남겨두기로 한다. 그러나 독자는 그 예를 자연에서 취하든, 회화, 도덕, 건축, 음악에서 빌려오든 간에, 관계의 관념을 일깨우는 것을 그 자체로 포함하는 모든 것을 '실제 미'로, 비교를 해야 하는 사물들에 적절한 관계를 일깨우는 모든 것을 '상대 미'로 부를 수 있다는 점을 항상 알게 되리라 확신할 수 있다.

나는 문학에서 찾아온 예를 하나 드는 것으로 만족하겠다. 코르네이유의 비극 『오라스 가家』에서 나오는 "죽어야지!"라는 숭고한 대사를 모르는 이는 없다.[26] 나는 이 연극을 본 적이 없고, 늙은 오라스가

26. 코르네이유의 비극 『오라스』(1640) 3막 6장에서 로마의 궁녀 쥘리는 오라스에게 로마가 전투에서 패했고, 오라스의 세 아들 중 둘이 죽었다고 전한다. 오라스는 그에게 남은 유일한 아들이 죽음을 맞을지라도 끝까지 싸워 명예를 지켜야 한다고 말한다. "그를 죽여주소서. 아니면 지독한 절망의 구렁텅이에서 헤어나게 하소서. 한 순간이라도 늦게 도망쳤다면, 로마는 그만큼 늦게 신하가 되었을 텐데. 이 늙은이도 명예롭게 살아남았을 텐데. 이것이 그의 목숨에도 걸맞은 대가였겠지. 그는 조국을 책임지고 있는 가문 전체를 고려해야 했고, 피 한 방울을 아낄 때마다 자신의 영광을 퇴색시켰고, 이 비겁한 죄악 뒤에 오는 삶의 매 순간마다 그의 수치는 물론 내 수치도 명백해질 것이다. 내 손으로 그의 목숨을 끊을 것이며, 당연한 내 분노로 비열한 아들에 대한 아버지의 권리를 사용하여,

<그림 9> 오라스

이렇게 대답했다는 것을 모르는 사람에게 "죽어야지"라는 표현을 들으면 어떤 생각이 드는지 묻는다. 내 질문을 받은 사람은 이 '죽어야지'라는 말이 무슨 뜻인지 모르고, 이것이 완전한 문장인지 문장의 한 부분인지 알 수 없고, 이 세 단어 사이에 어떤 문법적 관계가 있는지 잘 알 수 없기 때문에, 이것이 미인 것도 추인 것도 아닌 듯 보인다고 분명히 내게 대답할 것이다. 그러나 내가 그에게 이것은 전쟁에서 해야 하는 일이 무엇이냐는 물음에 대한 답변이라고 말한다면, 그는 이 답변에서 죽는 것보다 사는 것이 항상 좋은 것이라고 믿게 하지 못하는 용기 같은 것을 발견하기 시작한다. 그리하여 그는 '죽어야지'라는 표현에 흥미를 갖기 시작한다. 내가 덧붙여 이 전투에 조국의 영예가 달렸고, 싸우는 사람이 질문을 받은 사람의 아들이고, 그것도 그에게 남은 유일한 아들이고, 그 젊은이는 형제 둘의 목숨을 빼앗은 세 명의 적과 맞서고 있고, 늙은이는 지금 자기 딸에게 말하고 있고, 그 늙은이는 로마 사람이라고 한다면, 그때 아름답지도 추하지도 않았던 이 '죽어야지'라는 답변은 정황과 함께 관계를 설명해 나감에 따라 아름다워지고 결국 숭고해지기에 이른다.

　반대로 정황과 관계를 바꾸어보자. 그리고 이 '죽어야지'라는 표현을 프랑스 극장에서 이탈리아 무대로, 늙은 오라스의 입에서 스카팽[27]

그와 같은 행동에 대한 확실한 비난을 그를 처벌하는 것으로 분명히 보여줄 것이다"라고 말한다. (코르네이유, 『르시드/오라스』, 박무호 역, 울산대학교 출판부, 2004, p. 221)

27. 몰리에르의 3막 희극 『스카팽의 간계 *Les Fourberies de Scapin*』(1671)에 나오는 인물. 스카팽이라는 인물은 원래 이탈리아 코메디아 델라르테 연극의 전형적 인물 스카피노(Scappino)에서 본뜬 것이다.

의 입으로 옮겨보라. 이 '죽어야지'라는 표현은 '우스꽝스러워'질 것이다.

정황을 계속 바꾸어보자. 그리고 스카팽이 거칠고 탐욕스럽고 퉁명스러운 주인의 시중을 드는 하인이고, 이들이 대로에서 강도 서넛의 공격을 받았다고 가정해보자. 스카팽이 달아난다. 주인은 저항한다. 중과부적이라 그 역시 별 수 없이 달아나게 되었다. 스카팽은 자기 주인이 위험에서 벗어났다는 소식을 듣는다. 스카팽은 자기 예상이 빗나가자 이렇게 말할 것이다. 어떻게 달아났을까? 아, 비겁한 놈! 하지만 사람들이 그에게 이렇게 묻는다. '혼자 세 명을 상대로 어떻게 했으면 좋겠는데?', '죽어야지' 스카팽이 대답한다. 이 '죽어야지'라는 표현은 웃음을 자아낸다. 그러므로 미는 관계와 더불어 시작하고 성장하고 다양해지고 쇠락하다가 사라진다. 앞에서 이미 한 얘기다.

그런데 '관계'는 무엇을 의미하는가? 이런 질문을 할 것이다. '아름다운'이라는 말을 그렇게 생각하지 않는 것에 붙이는 일은 단어의 의미를 바꾸는 것이 아닌가? 프랑스어는 '미'라는 관념이 언제나 크기의 관념과 연결되어 있는 것 같고,[28] 미의 특수한 차이를 크기와 숭고함과는 상관없는 무한히 많은 존재에 적합한 특징에 두는 것은 '미'를 정의하는 것이 아닌 것 같다. 확실히 크루자 씨의 오류는 '미'를 정의할 때 너무나 많은 수의 특징을 함께 사용했기 때문에 이 정의가 대단히 적은 수의 존재로 제한되었다는 데 있다. 하지만 그 정의를 너무 일반적으로 만들어서 채석장가에 우연히 던져진 무정형한 돌무더기들도 예외로 두지 않고 포함시키는 것도 반대의 오류에 빠지는

28. 실제로 17-18세기의 여러 사전에서는 '미'를 "크고 과도한 것"으로 정의해 놓았다.

것은 아닌가? 사람들은 이렇게 말할 것이다. 모든 존재는 서로, 부분들 사이에, 다른 존재와 더불어 관계를 맺을 수 있다. 배열되고 정돈되고, 대칭을 이룰 수 없는 존재는 없다. 완전함은 모든 것에 부합되는 특징이다. 그러나 미는 사정이 다르다. 미에 해당하는 대상은 아주 적다.

내가 보기에는 이것이, 유일한 반박은 아닐지라도 내가 받을 수 있는 가장 강력한 반박이다. 나는 이 문제에 답변하고자 한다.

관계 일반은 어떤 존재든 어떤 특징이든, 그 존재 혹은 그 특징에 어떤 다른 존재, 혹은 어떤 다른 특징이 있다는 것을 전제하는 범위 내에서 고려하는 오성의 작용이다. 예를 들어보자. 피에르는 좋은 아버지라고 말할 때 나는 피에르에게서 다른 특징, 즉 아들이 있다는 것을 전제하는 특징을 고려하는 것이다. 같은 식으로 가능한 다른 관계들이 있다. 따라서 관계는 우리의 오성 내부에 존재할 뿐이지만, 지각의 기초는 사물에 있다는 결과가 나온다. 나는 사물은, 나처럼 육체와 정신으로 이루어진 존재가 사물 자체에서든 사물의 외부에서든 다른 존재 혹은 다른 특징이 있음을 전제하지 않고서는 고려될 수 없는 특징을 가지게 될 때마다, 사물 자체에 실제적인 관계를 포함한다고 말할 것이다. 그리고 나는 이들 관계를 실재하는 것과 지각된 것으로 나눌 것이다. 그러나 세 번째 종류의 관계가 있다. 그것은 '정신적'[29] 혹은 '허구적' 관계로서, 오성이 이 관계를 사물에 부여하는 것 같다. 조각가가 대리석 덩어리를 바라본다. 조각가의 상상력은 끝보다 더 빨리 불필요한 부분을 전부 들어내고 하나의 형상을 가려

29. 정신적인(intellectuel): "이해력, 오성에 속한다는 뜻이다. [⋯] 물질적이라는 말과 대립된 의미로 사용된다." (『백과사전』의 「정신적인」 항목)

낸다. 그런데 이 형상은 본래 상상적이고 허구적이다. 조각가는 머릿속으로 그린 선으로 어떤 한 공간이 끝나는 지점에서 상상으로 무정형한 대리석 더미에서 작업했던 것을 실제로 해볼 수 있을 것이다. 철학자는 우연히 던져진 돌무더기를 한 번 바라본다. 철학자는 불규칙성 밖에는 보이지 않는 이 더미의 각 부분을 사유를 통해 없애버리고 그곳에서 원, 입방체, 규칙적인 형상을 부각시키게 된다. 이것은 무엇을 의미하는가? 비록 예술가는 단단한 표면 위에서만 붓을 들어 그림을 그릴 수 있지만, 생각을 하면서 이미지를 어떤 물체 위에라도 옮길 수 있다. 모든 물체 위에서라니, 내가 무슨 말을 하는 것인가! 공간과 허공이라고 해야겠다. 이미지는, 생각을 통해 공기 속에 옮겨졌든, 상상을 통해 가장 무정형한 육체에서 추출되었든 아름답거나 추할 수 있지만, 그 이미지를 가져다 놓았던 이상적인 화폭이나 그 이미지를 끄집어내었던 무정형의 물체는 그렇지 않다.

그러므로 내가 어떤 존재는 그 존재에서 눈에 띄는 관계를 통해서 ‘아름답다’고 말할 때, 상상력이 옮겨놓은 정신적이거나 허구적인 관계가 아니라 그 존재에 있고 오성이 감각의 도움을 받아 알게 되는 실제적 관계를 말하는 것이다.

반대로 나는 이 관계가 어떤 것이든 바로 이 관계가 ‘미’를 구성하는 것이라고 주장한다. ‘예쁜’이라는 말이 미의 반대말이 되는 좁은 의미에서가 아니라, 감히 말하건대 보다 철학적인 의미로, 미 개념 일반과 언어와 사물의 본성에 보다 부합하는 의미에서 말이다.

누군가가 ‘미’라는 이름을 얻는 모든 존재를 끈기 있게 모은다면, 그는 곧 작다거나 크다거나 하는 것과는 어떤 관계도 갖지 않는 무수한 존재가 있음을 알게 될 것이다. 존재가 고립되어 있고, 수가 많은 종의 한 개체로서 그 존재를 고립시켜 고려할 때마다 크다거나 작다거나 하는 것은 아무런 의미가 없다. 예전에 최초의 괘종시계나 최초의 시계를 보고 아름답다고들 했는데, 메커니즘이 어떤지, 부분들 사이의 관계 말고 다른 것에 주목이라도 했던가? 오늘날 시계가 '아름답다'고 말한다면, 그 쓰임새나 메커니즘과는 다른 무엇에 주목하는 것이 아닌가? 그러므로 미의 일반 정의가 '아름답다'는 속사를 얻는 모든 존재에 적합하려면 크다는 관념은 여기에서 배제된다. 내가 미 개념에서 크기의 개념을 배제하고자 했던 것은 내가 생각하기에 통상 미의 개념에 크기의 개념을 가져다 붙이곤 했기 때문이다. 수학에서 '아름다운 문제'라고 하면 풀기 어려운 문제를 말한다. '아름다운 결론'이라고 하면 어렵고 복잡한 문제를 쉽고 용이하게 풀었다는 말이다. '커다란', '숭고한', '고양된'과 같은 개념은 미라는 말을 사용하는 경우에 들어오지 않는다. 이런 방식으로 아름답다고 이름붙이는 모든 존재들을 거쳐야 한다. 첫 번째는 크기를 배제하고, 두 번째는 유용성을 배제하고, 세 번째는 대칭을 배제할 것이다. 어떤 것은 겉보기에 질서와 대칭이 두드러진 것도 배제할 것이다. 폭풍, 폭우, 혼돈을 그린 그림이 그럴 것이다. 그래서 이들 존재 모두에게 부합되는 단 하나의 공통된 특징이 있으며 이것이 관계의 개념이라는 점을 받아들여야 할 것이다.

그러나 미 개념 일반이 '아름답다'고 불리는 모든 존재에 부합되어야 한다고 주장할 때, 자기 언어에 대해 말하는 것인가 아니면 모든 언어에 대해 말하는 것인가? 이 정의가 단지 프랑스어로 '아름답다'고 부르는 존재에 부합되어야 하는가, 히브리어, 시리아어, 아랍어, 바빌로니아의 칼데아어, 그리스어, 라틴어, 영어, 이탈리아어 등 존재했고 존재하며 앞으로 존재할 모든 언어로 아름답다고 부를 수 있는 모든 존재에 부합되어야 하는가? 또 철학자는 관계 개념이 배제의 규칙을 널리 확장시켜 사용해 본 뒤에 남을 수 있을 유일한 개념임을 증명하려고 이 모든 말을 다 배워야 하는가? 미라는 말이 언어에서마다 다양한 의미를 띠고, 미를 이쪽에서는 이런 존재에게 적용시키고 저쪽에서는 그렇게 하지 않지만, 어떤 관용표현을 사용한다고 해도 미는 관계들의 지각을 전제하고 있다는 점을 검토했던 것으로 충분한 것은 아닐까? 영국 사람들은 'a fine flavour', 'a fine woman'이라는 표현으로 아름다운 향기, 아름다운 여인이라고 한다. 어떤 영국 철학자가 미의 문제를 다룰 때 영어는 이렇듯 참 이상한 언어라는 점에 주목하고자 했다면 그는 어디에 있는 것일까? 언어를 만든 것은 민족이다. 사물의 기원을 발견하는 것은 철학자가 하는 일이다. 그리고 철학자의 원칙과 민족의 용례가 종종 모순이 없다는 점은 아주 놀라운 일일 것이다. 그러나 미의 본성에 적용된 관계의 지각이라는 원칙에는 이런 결함이 없다. 이 원칙은 보편적이므로 여기서 무엇 하나가 빠져나가기란 아주 어렵다.

　모든 민족에게서, 지구의 모든 지역에서, 모든 시대에 걸쳐 '색' 일반을 하나의 이름을 붙이고 개별 '색'과 여기서 만들어지는 미세한 차이를 표현하는 데는 다른 이름을 붙였다. '아름다운 색'이란 무엇을 말하는 것인지 철학자에게 설명해보라고 하고, 그렇지 않다면 그것이 무엇일지라도 '미'라는 말을 색 일반에 처음으로 적용하게 되었던 것이 언제인지 말해보라고 하고, 이런 색조보다 저런 색조가 더 좋은 이유가 무엇인지 설명해보라고 한다면 그는 무슨 대답을 하게 될까? 마찬가지로 미라는 말을 고안할 수 있게 되었던 것은 바로 관계들의 지각이다. 관계들이 다양해지고 인간 정신도 그렇게 되어감에 따라 '예쁜', '아름다운', '매혹적인', '커다란', '숭고한', '성스러운'과 같은 말들을, 무한히 다른 이름들이 생겼다. 이 이름들은 자연적인 만큼 정신적이기도 하다. 이것이 '미'의 미묘한 차이이다. 그러나 나는 이 생각의 폭을 넓혀서 다음과 같이 말한다.

미 개념 일반이 모든 아름다운 존재와 부합해야 한다고 주장할 때 이는 단지 '아름다운'이라는 속사를 지금 여기에서 지니는 존재에 대해서만 말하는 것일까, 혹은 세상이 생겨났을 때 아름답다고 불렸던 존재인가, 오천년 전에 삼천리 밖에서 그렇게 불렸던 존재인가, 다가올 미래에 그렇게 불리게 될 존재인가, 우리 어렸을 때, 장년이 되어서, 늙었을 때 그렇게 불렸던 존재인가, 개화된 민족이 감탄하는 존재인가, 야만인을 매혹시키는 존재인가? 이러한 정의에 진실이 있다면 그것은 지역적이고 부분적이고 일시적인 것일까, 아니면 모든 존재, 모든 시간, 모든 사람, 모든 지역으로 확장될 것인가? 후자의 입장을 취한다면 내 원칙에 훨씬 가까워질 것이고, 이 방법이 아니고 서는 아이의 판단과 어른의 판단을 화해시킬 재간이 없음을 알게 될 것이다. 아이들의 감탄을 자아내고 즐겁게 만들려면 대칭과 모방 의 자취만 있어도 좋다. 반면 어른을 감동시키려면 규모가 엄청난 성城과 대작이 필요하다. 야만인은 유리로 된 길게 늘어뜨린 장식, 놋쇠 가락지, 철물로 된 팔찌만 봐도 매혹을 느끼지만, 개화된 사람은 가장 완벽한 작품이 아니면 쳐다보지도 않는다. 최초의 인간은 '아름 다운', '훌륭한'과 같은 말을 오두막, 누옥, 광에다가 아낌없이 썼지만, 오늘날의 사람들은 이런 말을 인간 능력이 최고도로 발현된 것이 아니면 그런 말을 쓰지 않는다.

‘미’를 관계의 지각에 두어보라. 세상의 처음부터 오늘날까지 미가 진보해 온 역사를 알게 될 것이다. 미 일반과 차이를 보이는 성격으로 여러분 좋을 대로 다른 특징을 선택해보라. 여러분의 개념은 금세 시간과 공간의 한 점에 응축될 것이다.

그러므로 미의 기초는 관계들의 지각이다. 모든 언어는 무한히 많은 다른 이름으로 바로 관계들의 지각을 가리켰던 것이며, 이런 수많은 이름들은 그저 모두 상이한 종류의 미를 가리킬 뿐이다.

그러나 프랑스어와 다른 대부분의 언어에서 미라는 말은 종종 ‘예쁜’이라는 말과 대립한다고 본다. 이러한 새로운 관점에서 ‘미’의 문제는 그저 문법의 문제일 뿐이고, 이 말과 결합한 관념들을 분명하게 밝혀주면 된다.(「‘예쁜’의 반대말로서의 미」 항목을 보라)

미의 기원이 무엇인지 보여주고자 했으니 이제 남은 문제는 ‘미’에 대해 사람들의 의견이 언제부터 제각기 달라졌는지 연구하는 것이다. 이 문제를 연구하면 우리의 원칙은 비로소 확실해질 것이다. 모든 차이가 예술품만큼 자연물에서 지각되거나 도입된 다양한 관계들로부터 생겼다는 점을 증명하게 될 것이기 때문이다.

단 하나의 관계를 지각해서 생긴 ‘미’는 보통 여러 가지 관계를 지각해서 생긴 ‘미’보다 못하다. ‘아름다운’ 얼굴이나 ‘아름다운’ 화폭을 보면 단 하나의 색을 보는 것보다 더 감동을 준다. 별이 빛나는 하늘은 쪽빛 커튼보다 더, 풍경은 너르게 펼쳐진 들보다 더, 건물은 공터보다 더, 음악곡은 음 하나보다 더 감동을 준다. 그러나 관계의 수를 무한히 늘려서는 안 된다. 미는 이렇게 증가하는 방식을 따르지 않는다. 우리가 ‘아름다운’ 사물의 관계로 받아들이는 것은 세심한 정신이 명확하고 쉽게 이해할 수 있는 관계들뿐이다. 그런데 세심한 정신이란 무엇인가? 작품 속의 한 지점, 그 지점에 못 미치면 관계들이 부족해서 작품이 너무 단조로워지고, 그 지점을 넘어서면 관계들이 과잉이 되어버리는 바로 그 지점은 어디에 존재하는가? 다양한 판단의 첫 번째 원천이 이것이다. 여기서 논쟁이 시작된다. 누구나 '아름다운' 것이 존재하고, 그것은 관계를 지각한 결과라는 데 동의한다. 그러나 지식과 경험을 갖는 정도에 따라, 판단하고, 명상하고, 바라보는 습관을 갖는 정도에 따라, 정신의 폭이 자연적으로 더 넓어짐에 따라 어떤 대상은 풍부하거나 형편없다고, 명확하지 못하거나 가득 채워져 있다고, 별 볼일 없거나 과도하다고 말하게 된다.

그런데 예술가가 대부분의 사람들이 이해할 수 있는 것 이상의 관계들을 사용하지 않을 수 없고, 자기 작품의 장점을 잘 아는 사람으로 같은 예술에 종사하는 사람들, 다시 말하면 그 예술가를 정당하게 평가할 의향이 가장 적은 사람들밖에 없는 예술 작품이 얼마나 많은가? 그때 '미'는 무엇이 되는가? 미는 그것을 느낄 능력이 없는 일군의 무지한 사람들에게 제시되거나, 입을 닫은 몇몇 선망자羨望者들이나 느끼거나 둘 중 하나이다. 음악곡이 가져오는 효과가 자주 그런 것이다. 달랑베르 씨는 『백과사전』의 「서문」을 썼는데 이 서문은 우리의 항목에 인용될 만한 가치가 충분히 있는 글이다. 여기서 그는 음악을 배우는 기법을 만든 다음에 음악을 듣는 기법을 만들어야 할 것이라고 썼다.[30] 나는 여기다가 시를 짓고 그림을 그리는 기법을 만든 다음

----

30. "이 미묘한 차이들은 천재가 이해하고, 감식안이 있는 사람이 느끼고, 재사才士가
    알아보는 것으로서, 대중은 이를 모른다. 아무것도 그려 보여주지 않는 음악은
    그저 소음일 뿐이다. […] 모든 것을 그려보고자 하는 주의 깊은 음악가는 여러
    가지 상황에 따라 저속한 감각을 위해 만들어진 것은 아닐 화성의 일람표를

에 읽고 보는 기법을 헛되이 만들었다는 말을 추가한다. 어떤 작품을 판단하는 데 다들 한 목소리이다. 예술가로서는 의견이 갈라지는 것보다 그편이 덜 모욕적이기는 하겠으나 너무 슬픈 일이 아닐까.

수많은 종류의 관계들을 구분해볼 수 있다. 서로 강화되는 관계들이 있고, 서로 약화되는 관계들이 있고, 서로 균형을 맞추는 관계들이 있다. 우리가 이들 관계 전부를 이해하거나 한 부분만을 이해한다면 어떤 대상의 '미'를 생각하는 방식이 얼마나 달라질까! 이것이 다양한 판단의 두 번째 원천이다. 정해진 관계가 있고 그렇지 않은 관계가 있다. '미'가 관계를 결정하는 학문 혹은 예술의 즉각적이고 단일한 대상이 아닐 때마다 그 '미'라는 이름을 정해지지 않은 관계에 부여하고 우리는 이 관계로 만족한다. 그러나 이렇게 관계를 정하는 것이 학문 혹은 예술의 즉각적이고 단일한 대상일 경우에는 관계들뿐만 아니라 이 관계들의 가치도 필요하다. 바로 이런 까닭에 우리는 수학에서 '아름다운 정리定理'라고 말하지만 '아름다운 파생명제'라고는 말하지 않는다. 어떤 관계를 표현하는 파생명제가 '실제의 미'를 갖는다는 점을 부인할 수 없을지라도 말이다. 내가 수학에서 전체는 부분보다 크다고 말할 때 나는 확실히 양을 분할하면 이에 대해 무한한 수의 개별정리가 있음을 명시하는 것이다. 하지만 부분들에 대해 전체가 정확히 얼마나 더 큰지는 전혀 정해놓지 않는다. 이는 다음과 같이 말하는 것이나 다름없다. "원기둥은 내접하는 구보다 크다. 구는

• •

제시해줄 것이다. 그러나 이점으로부터 결론을 내려야 하는 것은 음악을 배우는 기법을 만든 다음에 음악을 듣는 기법 또한 만들어야 하리라는 점이다."(달랑베르, 『백과사전』, 「서문」(*Discours préliminaire de l'Encyclopédie*, éd. par Michel Malherbe, Vrin, 2000, p. 104))

내접하는 원뿔보다 크다." 그러나 수학에 고유하고 즉각적인 대상은 이들 물체 중 하나가 다른 것보다 얼마나 더 크냐 작으냐를 결정하는 것이다. 이 물체들이 항상 서로 3, 2, 1의 수의 관계를 갖는다는 점을 증명하게 될 사람은 놀랄 만한 정리를 만들었을 것이다.[31] '미'는 언제나 관계로 구성되고 이 경우에 '미'는 관계들의 수와 이 관계들을 발견할 때의 어려움에 복합적으로 비례하게 될 것이다. 그래서 이등변 삼각형의 꼭짓점에서 밑변으로 내려오는 직선은 두 개의 합동각을 만든다고 명시하는 정리는 놀랄 만한 것이 아닐 것이다. 하지만 어떤 곡선의 점근선들은 끊임없이 접근하지만 서로 만나지 않고, 축의 한 부분, 곡선의 한 부분, 점근선, 세로좌표의 연장으로 형성된 공간은 이러저러한 수의 관계와 같다는 정리는 아름다울 것이다. 이 경우도 그렇고 다른 많은 경우에도 미는 상황과 떼어놓고 생각할 수 없다. 진리로 증명된 정리가 이전에 거짓 명제라고 간주되었을 때마다 놀라움과 관계들이 결합된 행동이 생긴다.

우리가 정도의 차이는 있어도 본질적이라고 판단하는 관계들이 있다. 남자, 여자, 아이를 신장身長과 관련지어보는 관계가 그것이다. 아이가 작아도 아이더러 아름답다고 한다. 아름다운 남자는 커야 한다. 우리는 이 특징을 여자에게는 덜 요구한다. 작은 남자가 아름답기보다는 작은 여자가 아름다울 수 있다. 그래서 내가 보기에 우리는 존재를 존재 자체로뿐만 아니라 존재가 자연과 큰 전체에서 점하는

31. 구의 체적을 구하는 공식은 $\frac{4}{3}\pi R^3 = \frac{2}{3} \times 2\pi R^3$, 원기둥의 체적을 구하는 공식은 $\pi R^2 h = 2\pi R^3$, 원뿔의 체적을 구하는 공식은 $\frac{1}{3}\pi R^2 h = \frac{1}{3}\pi R^3$이므로, 이 세 도형 사이에는 3:2:1의 관계가 성립한다.

자리와 비교해서 고려하는 것 같다. 이 큰 전체가 더 알려졌는가 덜 알려졌는가에 따라 존재들의 크기로 매긴 사다리의 눈금은 더 정확하든가 덜 정확하다. 그러나 우리는 그것이 정확한지는 잘 모른다. 이것이 모방 예술에서 다양한 취향과 판단의 세 번째 원천이다. 대가들은 너무 작은 사다리보다는 조금 더 큰 것을 좋아한다. 그러나 대가들이 가진 사다리는 제각기 다 다르며, 아마 자연의 사다리도 마찬가지일 것이다.

이해관계, 정념, 무지, 편견, 용례, 풍속, 기후, 관습, 정부, 제식, 사건 등은 우리를 둘러싼 존재를 막아 세우거나, 우리 안에 여러 가지 관념을 불러일으키게 만들기도 하고 그렇지 않게 만들기도 하고, 존재의 대단히 자연적인 관계들을 일소해버리기도 하고, 우발적이고 일시적인 관계를 세울 수도 있다. 이것이 다양한 판단의 네 번째 원천이다.

흔히 자기 예술과 자기가 가진 지식에 모든 것을 관련시키곤 한다. 우리 모두는 다소 아펠레스를 비판하는 역할을 맡는다. 우리는 신발밖에는 모르지만 발도 판단하거나, 발밖에는 모르지만 신발까지 내려가 판단한다.[32] 그러나 우리가 예술 작품을 판단할 때만 이런 식으로 대담하거나 세부적인 것까지 과시하는 것은 아니다. 자연물도 예외가 아니다. 정원에 피어있는 튤립 가운데 호사가가 가장 '아름답다'고

- -
32. 아펠레스의 그림을 보던 신발장이가 화가가 신발 끈 구멍을 작게 만들었다고 비난했다. 이 말을 들은 아펠레스는 신발장이 말대로 그림을 고쳤는데 다음날 신발장이가 다시 와서 이번에는 발을 문제 삼았다. 그러자 격분한 아펠레스가 신발장이여 신발을 넘어서지 말라고 말했다. (플리니우스의 『자연사』, XXXV, 36)

보는 튤립은 크기, 색, 잎사귀, 아주 드문 변종에 주목하게 될 튤립일 것이다. 그러나 화가는 빛, 채도, 명암, 미술에 관련된 형식의 효과를 고려하기 때문에 화훼가의 감탄을 자아내는 모든 특징을 무시하고, 호사가가 무시하기조차 했던 꽃을 모델로 삼을 것이다. 이것이 지식과 재능의 다양성인 것으로, 다양한 판단의 다섯 번째 원천이다.

　마음은 관념을 따로 따로 받아들였지만 이를 전체적으로 통일시키고, 갖고 있는 관념을 수단으로 삼아 대상을 비교하고, 관념들 사이에 존재하는 관계를 고찰하고, 그 관념들을 자기 뜻대로 확장하거나 좁히고, 마음에 생긴 감각을 통해 결합될 수 있는 단순 관념을 하나하나 분리해서 고려할 수 있다. 이중에서 마음이 만들어내는 가장 나중의 작용을 '추상화'라고 한다.(「추상화」 항목을 보라) 육체가 있는 실체에 대한 관념은 다양한 단순관념으로 구성된다. 육체가 있는 실체가 우리 감각에 나타났을 때, 이들 단순관념이 전체적으로 작용을 했던 것이다. 실체를 정의할 수 있는 경우는 바로 이들 감각 관념을 세부적으로 명확하게 만들 때뿐이다.(「실체」 항목을 보라) 이런 종류의 정의를 보면 단 한 번도 실체를 즉각 본 적이 없는 사람이라도 예전에 감각을 통해서, 정의된 실체의 복합 관념을 구성하는 모든 단순관념을 제각기 받아들인 적이 있다면, 그 실체에 대해 아주 명확한 관념을 가질 수 있게 된다. 그러나 그가 이 실체를 구성하는 단순관념들 중 어떤 하나의 개념을 갖지 않았고, 이들 단순관념을 지각하기 위해 필요한 감각을 결여했거나, 이 감각의 기능이 아주 저하되어 있다면, 어떤 정의를 내린다고 해도 그는 사전에 감각을 통해 지각했던 것에 대한 관념을 전혀 가질 수 없을 것이다.(「정의」 항목을 보라) 이것이 서술된 글을 읽고 품게 될 다양한 '미'적 판단의 여섯 번째 원천이다.

얼마나 틀린 개념들이 많으며, 똑같은 대상이라도 충분치 못한 개념이 얼마나 많은가!

그런데 정신적 존재에 대해서는 틀림없이 더욱 의견의 일치를 못 볼 것이다. 모두 기호를 통해 재현되기 때문이다. 의미가 이 사람보다 다른 사람에게 더 넓거나 더 좁지 않게끔 아주 정확히 정의된 기호란 거의 없다시피 하다. 언어 사전을 아주 제대로 만들었다면 논리학과 형이상학은 둘 다 완전해졌을 것이다. 그러나 이는 여전히 희망해야 할 작업이다. 말을 두고 시와 웅변에서 사용되는 색채라 하는데, 그림을 판단할 때 색채와 색조변화를 가지고 무엇을 해야 할지도 모르는데 의견의 일치를 보기를 어떻게 기대할 수 있다는 말인가? 이것이 다양한 판단의 일곱 번째 원천이다.

우리가 판단하는 존재가 어떠한 것일지라도, 학습, 교육, 편견 혹은 우리의 관념에 있는 어떤 인위적 질서를 통해 기호嗜好나 혐오가 느껴진다면 이것은 모두 현재 우리의 견해를 토대로 이루어졌다. 우리는 대상의 특성을 지각하기 위한 감각이나 적절한 능력을 가지며, 이 특성이 완전한가, 결함이 있는가에 대한 견해를 갖는다. 이것이 다양한 판단의 여덟 번째 원천이다.

똑같은 대상이 다양한 사람들에게 단순관념을 불러일으키는데, 이 단순관념은 사람들이 느끼게 되는 기호와 혐오만큼 다양하다고 확신한다. 감정은 진실하다는 것이 바로 그렇다. 또 여러 사람이 갖는 단순관념이 동일한 순간에도 서로 다르고, 한 사람이라도 여러 순간에 걸쳐 의견을 달리한다는 것도 어려운 일은 아니다. 우리의 감각은 끊임없이 쇠퇴해간다. 어느 날 우리는 앞을 못보고, 어느 날 우리는 귀가 안 들리게 된다. 우리는 나날이 다양하게 보고 듣고 느낀다.

이것이 같은 나이의 여러 사람과 다른 시절을 거친 한 사람의 다양한 판단의 아홉 번째 원천이다.

우연히 가장 '아름다운' 대상과 불쾌한 관념이 만나는 일도 있다. 스페인산 포도주를 좋아하는데, 이를 싫어하려면 구토제와 섞어 마시기만 하면 된다. 이점에서 보면 우리는 구토를 경험했느냐 아니냐 하는 데서 자유롭지 못하다. 스페인산 포도주는 항상 훌륭하다. 그러나 스페인산 포도주에 대한 우리의 조건이 똑같은 것은 아니다. 마찬가지로 이 현관은 언제나 훌륭하다. 그러나 내 친구가 그곳에서 목숨을 잃었다. 이 극장은 관객들이 내게 야유를 퍼부은 뒤에도 계속해서 '아름답다'. 하지만 나는 이 극장을 볼 때마다 귀에 아직도 야유소리가 선하다. 나는 이 현관에 설 때마다 숨을 거두는 내 친구를 본다. 나는 더 이상 '아름다움'을 느끼지 못한다. 이것이 다양한 판단의 열 번째 원천이다. 온갖 종류의 우발적 관념들이 이러한 다양성을 마련하는데, 우리로서는 그런 우발적 관념과 주관념을 마음대로 분리할 수가 없다.

기사의 등 뒤에 어두운 근심이 올라탔다.[33]

건축물, 정원, 장식 등에서처럼 자연적 형태와 인공적 형태가 동시에 드러나는 복합 대상이 문제가 될 때 우리의 취향은 반쯤은 합리적이고 반쯤은 변덕스러운 여러 관념들이 연합해서 생겨난다. 어떤 유해한 대상의 색깔, 형태, 소리, 방식에 있는 미약한 유사관계, 우리

33. *Post equitem sedet atra cura.* 원문에 라틴어로 되어있다. 호라티우스, 『오드집』, 3권 1곡에 나오는 문장이다.

고장의 여론, 동포의 관습 등과 같은 모든 것이 판단에 영향을 미친다. 이런 것이 원인이 되어서 화려하고 생생한 빛깔을 허영의 표시라고, 마음이나 정신의 잘못된 태도가 드러난 표시라고 보게 만들지 않던가? 어떤 형태는 농부들이나 우리에게 불쾌감을 주고 경멸을 일으키는 직업, 일, 성격을 가진 사람들이 사용하지 않던가? 이런 부수적 관념들이 우리가 원치 않더라도 색과 형태의 관념과 나타나고, 그 자체로는 색과 형태에 불쾌한 것이 전혀 없어도 우리는 이를 반대하게 될 것이다. 이것이 다양한 판단의 열한 번째 원천이다.

그러므로 사람들 모두가 완전히 동의하게 될 미를 자연에서 구비한 대상은 어떤 것일까? 식물의 구조인가? 동물의 메커니즘인가? 세계인가? 하지만 이 커다란 전체의 부분들을 지배하는 관계들, 질서, 대칭, 연관을 보고 가장 놀라워하는 사람들은 창조주가 이 전체를 만들면서 계획했던 목적이 무엇인지 모르더라도, 신성한 것에 대해 가진 관념을 통해서 이 거대한 전체는 완벽하게 아름다운 것이라고 말할 수 있게 되지 않던가? 그들은 특히 창조주가 세상을 그렇게 만들기에 능력도 의지도 뛰어났기 때문에 이 거대한 전체로서의 작품을 걸작이라고 보지 않던가?(「낙관주의」 항목을 보라) 그러나 누가 만들었는지 이름만 갖고는 작품이 완전하리라고 생각할 수 없지만 그래도 감탄하지 않을 수 없는 경우가 얼마나 많은가? 이 그림은 라파엘로의 그림이다. 그것으로 충분하다. 이것은 다양성의 근원은 아니라 해도 적어도 판단에 오류가 생기는 열두 번째 근원이다.

스핑크스, 사이렌, 목신, 미노타우루스, 이상적인 인간 등 순수한 상상의 존재는 '미'의 존재로서 이점에 대해 대개 이견이 없다. 그것이 놀랍지 않은 것이, 이 상상의 존재는 사실 실제 존재에서 관찰한 관계를 따라 만들어졌기 때문이다. 그러나 이들 상상의 존재가 닮은 모델은 자연물 가운데 산재되어 있고, 본래 어디에나 있지만 아무 데도 없다.

판단을 할 때 이 모든 다양성의 원인들 중 어떤 것을 가질지라도, 관계들의 지각인 실제의 '미'가 환상에 불과하다고 생각할 이유가 없다. 이 원칙은 무한히 다양하게 적용시킬 수 있고, 우연히 변형될 때 수많은 논고와 문학 논쟁을 일으킬 수 있다. 그러나 이 원칙은 그래도 항구한 것이다. 아마도 동일한 대상에서 동일한 관계를 정확하게 알아보고, 그 대상을 똑같은 정도로 '아름답다'고 판단할 두 사람은 지구상에 존재하지 않을 것이다. 그러나 어떤 종류의 관계라도 아무 영향을 받지 못할 한 사람이 있다면 그는 아마 완벽한 멍청이일 것이고, 그가 몇몇 종류의 관계에서만 아무 영향을 받지 못하는 경우라면, 그것은 그에게서 동물적 구조에 결함이 있다는 점을 보여주는 일일 것이다. 나머지 다른 사람들이 갖춘 일반 조건을 통해서 우리는 언제나 회의주의에서 멀어질 것이다.

미가 항상 정신적 원인의 소산인 것은 아니다. 고립시켜 고려된 존재도, 서로 비교된 복수의 존재도 운동을 하면서 종종 놀랄 만한 무수히 많은 관계를 만들어낸다. 자연사 연구실에서 그런 수많은 예가 만들어진다. 그래서 관계들은 적어도 우리와 관계해봤을 때 우연한 결합의 결과이다. 자연은 수많은 경우 힘 안들이고 예술 작품을 모방하기도 한다. 이렇게 물을 수도 있으리라. 나는 폭풍우에 휩쓸려 무인도 해변에 떨어진 철학자가 어떤 기하학 도형을 보고 "친구들이여, 용기를 내라. 여기 인간의 발자국이 있다"고 외치는 것이 옳았는지 말하는 것이 아니다. 내가 말하는 것은 어떤 존재를 예술가가 만든 작품이라고 완전히 확신하려면 얼마나 많은 관계를 고려해야 하는가, 어떤 경우에 대칭의 결함 하나가 관계들의 총합 이상을 증명할 수 있을 것인가, 우연한 원인이 작동한 시점과 산출된 결과에서 관찰된 관계들은 어떠한가, 전지전능한 존재의 창조물을 예외로 한다면 관계들의 수는 우연에 맡겨진 것의 수로 결코 상쇄되는 일이 없을 수많은 경우가 있지 않을까 하는 것이다.

아름다운, 예쁜

(문법)

‘예쁜’이라는 말과 반대 뜻으로 쓰이는 ‘아름다운’은 위대하고, 고상하고, 반듯하다. 우리는 그것을 감탄의 눈으로 바라본다. ‘예쁜’은 세련되고 섬세해서 우리 보기에 좋다. 정신의 작품에서 ‘아름다운 것’은 주제가 진실하고, 사상이 높고, 표현이 정확하고, 표현법이 참신하고, 구성이 바르다는 점을 전제한다. 눈부시고 특별한 데가 있으면 작품은 ‘예쁘게’ 된다. ‘예쁠’ 수도 있고 ‘아름다울’ 수도 있는 것도 있는데 희극이 그렇다. 비극은 ‘아름다울’ 수밖에 없다. 간혹 ‘아름다운’ 것보다 ‘예쁜’ 것이 더 큰 장점을 갖는 경우도 있다. 그런 경우에 ‘아름답다’는 이름에 합당한가 아닌가는 주제의 중요성에 달렸다. 어떤 것을 ‘예쁘다’고 한다면 그 주제가 만들어내는 결과의 영향이 적은 경우이다. 그래서 흔히들 이득이 있느냐만 보지 창안을 하는 일이 얼마나 어려운지는 관심두지 않는다. ‘아름다운 것’이 위대한 것을 생각나게 한다는 점이 사실이기에, 똑같은 것이라도 예전에 '아름답다'고 불렀던 것이 하찮게 다뤄지면 그저 '예쁜' 것에 불과하게 보이기도 한다. 정신은 '예쁜 것을 만들' 뿐이지만, 마음은 '위대한 것'을 만들어낸다. 천재적으로 그려진 표현이 보통 예쁘기만 할 때가 있다. '아름다움'은 감정이 나타나있음을 알아보게 되는 곳이면 어디에나 있다. '아름다운' 것을 '아름답다'고 말하는 사람은 감식력이 있는 사람이라고 보기 어렵고, 그것을 '예쁘다'고 말하는 사람은 바보이거나 이해할 줄 모르는 사람이다. 부알로는 '코르네이유가 간혹 예쁠 때가 있다'고 했다. 부알로는 어리석었다.

멋쟁이(beaux)

형용사, 명사 (유행의 역사)

영국 사람들은 이 프랑스어 형용사를 명사형으로 만들었다. 영국 사람들은 여자들에게나 관계가 있어 보이는 온갖 자질구레한 일, 다시 말하면 의복에 신경을 쓰고 유행과 치장을 좋아하는 남자들을 그렇게 부른다. 한마디로 말해서 외모에 굉장히 신경을 쓰고 다른 나머지는 소홀히 하는 사람들이다. '멋쟁이들'은 영국에 있고, '멋 부리는 사람들(les petits-maîtres)'은 프랑스에 있다. 그러나 프랑스의 멋 부리는 사람들은 영국의 '멋쟁이들'보다 훨씬 경박한 정신을 가졌고, 사소하고 아무짝에도 쓸모없는 예쁘기만 한 것이나 사용할 줄 알 뿐이다. 영국의 '멋 부리는 사람'을 바로잡아 보려면 프랑스의 '멋 부리는 사람'을 보여주면 될 것이다. 내 생각에 프랑스의 '멋 부리는 사람들'을 보면 아무리 차분한 기질[34]을 가진 영국 사람이라도 결국 참아낼 수 없으리라.

34. 차분하고 냉정한 기질(phlegme). 히포크라테스는 혈액, 점액粘液, 황색쓸개즙, 흑색쓸개즙을 4체액이라 하고 그 부조화가 질병의 원인이 된다고 했다.

추醜한

형용사 (문법, 도덕)(IX : 176a)

추하다는 말은 우리가 아름답다는 생각이 들게끔 해주는 비율 또는 색이 결여된 남자, 여자, 동물을 가리킨다. 또한 살아있는 생명체의 여러 부분들을 가리키는 말이기도 하다. 트레부 사전과 아카데미 사전[35] 집필자들이 어떻게 말하든, 고상하고 정확히 표현할 때는 '추한 유행', '추한 집', '추한 옷감'이라고 말해서는 안 되고 그렇게 말하지도 않는다. 우리가 무생물로부터 즐거움을 얻게 되는 특성이 결여되었음을 표현하려면 다른 속사를 사용하거나 에둘러 말한다. 정신적 존재도 마찬가지다. 몇몇 속담을 제외하고는 '추한'이라는 말은 도덕

---

35. 아카데미 사전에서는 "기형을 가진, 아름답기에는 균형이나 색에 현저한 결함을 가진"으로 정의한다.

적 의미로 사용하지 않는다.

'추'에 대한 생각은 미에 대한 생각처럼 시대, 장소, 환경 및 국가와 개인의 성격에 따라 변한다. 왜 그런가는 '질서'라는 말에서 볼 수 있을 것이다. 미의 반대말이 항상 '추'로 표현되는 것은 아니고, 흔히 '추'라는 말보다는 미라는 말에 더 큰 의미를 부여한다면 그것은 보통 모든 언어에서는 완전성 혹은 쾌에 대한 표현보다는 결함 혹은 고통에 대한 표현이 더 많기 때문이다.

'추'는 우리가 보고 즐거울 수 있는 종種과는 너무도 다른 종을 가리킨다. 기형이라는 말은 종의 성격이 과도하게 결여된 개체를 가리킨다. '추'라는 말에 결함이 전제되어 있다면, '기형'이라는 말에는 불완전성(défectuosité)이 전제되어 있다. '추'를 보면 혐오감이 들고, 불완전성을 보면 마음이 상한다.

추醜

여성명사 (문법, 도덕)(IX:176a-b)

추는 '미'의 반대말이다. 정신에는 아름다운 것도 추한 것도 없고 규칙도 없다. 물질에는 관계가 없고 예술에는 모델이 없다. 그러므로 규칙을 모를 때, 모델을 모를 때, 관계와 목적을 모를 때 미나 추도 역시 모른다. 필요한 것은 선의도 악의도 아니고, 아름다운 것도 추한 것도 아니다. 그러므로 이 세상은 그 자체로는 선한 것도 악한 것도 아니고, 아름다운 것도 추한 것도 아니다. 완전히 알려지지 않은 것은 좋다고도 나쁘다고도 할 수 없고, 아름답다고도 추하다고도 할 수 없다. 그런데 우리는 세상 전체를 모르고, 세상의 목적도 모른다. 그러므로 세상이 완전하다고도 불완전하다고도 말할 수 없다. 무정형한 대리석 덩어리는 그 자체로 고려했을 때 감탄할 것도 없고, 비난할 것도 전혀 없다. 그러나 대리석 덩어리가 가진 특징에 따라 고려하고, 머릿속으로 그것에 어떤 쓰임새가 있다고 생각하고, 조각가가 작업을

해서 그것이 벌써 무언가 형태를 띠게 되었다면 그때 미와 추에 대한 관념이 생겨난다. 미와 추에 대한 생각에는 절대적인 것이 전혀 없다. 잘 지어진 건축물이 있다. 벽은 견고하고 모든 부분이 솜씨 좋게 결합되었다. 도마뱀을 한 마리 잡아서 방 하나에 집어넣는다. 도마뱀은 도망갈 구멍을 찾지 못해서 이 집이 아주 불편하다고 생각할 것이다. 도마뱀은 폐허를 더 좋아한다. 절름발이에 등이 굽은 사람을 한 명 생각해보자. 이 기형에 상상할 수 있는 모든 기형을 추가해보자. 그는 다른 사람과 비교해 봤을 때 아름답거나 추한 사람이 될 것이다. 비교 대상이 되었던 그 사람은 동물적 기능을 수행해내는 데 있어 더 수월한가 덜 수월한가에 따라 아름답거나 추할 것이다. 정신적 특성도 이와 동일하다. 뉴턴이 혼자 힘으로 모든 발견을 해내는 데 이르렀고, 그의 덕분에 우리가 그의 발견을 알게 되었다고 할 때 그는 제 스스로에게 어떤 경의를 표할 수 있었을까? 어떤 경의도 표할 수 없다. 그는 제가 위대하다고 말할 수 있으려면 그의 주변 사람들은 하찮은 사람들이어야 했다. 어떤 사물은 두 개의 상이한 양상에 따라 아름답거나 추하다. 베네치아에 있었던 음모의 초기과정, 발전과정, 동원된 수단을 살펴보면 깜짝 놀랄 것이다. 베드마르 공작이란 사람은 도대체 어떤 사람인가! 얼마나 대단한 사람인가! 똑같은 음모를 인류와 정의에 대한 도덕적 관점으로 살펴본다면 그 사건이 극악무도한 것이었고, 베드마르는 흉측한 사람이라고 생각하게 된다.[36](「미」 항목을 보라)

36. 스페인 왕위전쟁 시 이탈리아에 주재했던 스페인 대사.

해제

– 디드로의 『미의 기원과 본성에 대한 철학적 연구』에 대하여

이 책은 드니 디드로(Denis Diderot 1713-1784)와 달랑베르(Jean le Rond d'Alembert 1717-1783)의 『백과사전 *Encyclopédie ou dictionnaire raisonné des sciences, des arts et des métiers*』 2권(1752)에 실린 디드로의 「미」 항목을 번역한 것이다. 번역의 대본으로는 Diderot, *Traité du beau*, in *Œuvres*, éd. par Laurent Versini, t. IV, Robert Laffont, 1996과 Diderot, *Recherches philosophiques sur l'origine et la nature du beau*, in *Œuvres esthétiques*, éd. par Paul Vernière, Paris, Dunod, Classique Garnier, 1994를 이용하였고, 이를 『백과사전』의 원문과 대조했다. 디드로의 현대 판본에서는 원래 『백과사전』에 있었던 참조기호들이 모두 생략되어 있는데, 우리는 이를 『백과사전』에 실린 그대로 모두 되살렸다. 아울러 우리는 『백과사전』 2권의 「미」 항목 뒤에 실린 「아름다운, 예쁜 beau, joli」 항목과 「멋쟁이 les Beaux」 항목, 『백과사전』

9권에 실린 「추醜한」 항목과 「추」 항목을 함께 번역했다.

디드로의 「미」 항목은 1772년에 주네브 출판업자 레(Marc-Michel Rey)가 펴낸 디드로 선집판에서 『미론 *Traité du beau*』이라는 제목으로 독립되어 실렸고, 1789년에 디드로와 협력했던 네종(Jacques André Naigeon)이 편집한 디드로 전집판에는 『미의 기원과 본성에 대한 철학적 고찰 *Recherches philosophiques sur l'origine et la nature du beau*』이라는 제목으로 실렸다. 우리가 참조한 두 종의 현대판본 중 베르시니판은 레의 『미론』을, 베르니에판은 네종의 『철학적 연구』를 주 대본으로 삼았다. 우리는 원래 제목인 「미」 대신 네종판 제목 『미의 기원과 본성에 대한 철학적 연구』에서 이 책의 제목을 따왔다.

동시대 사람들과 후세 사람들이 디드로의 「미」 항목을 어떻게 평가했는지에 대해서 여기서는 폴 베르니에 편집판 서문의 다음과 같은 언급을 읽어보는 것으로 그치겠다.

> 이 항목은 확실한 정보를 주는 데다 논증방식도 견고해서 높이 평가받았다. 디드로는 이 항목에서 앙드레 신부의 『미에 대한 논고』에 대해 칭찬을 아끼지 않았다. 아마 그래서 디드로는 자기가 그 작품의 여러 페이지에서 표절했다는 것을 감추는 데 별로 신경 쓰지 않았던 것 같다. 특히 성 아우구스티누스에 대한 지식은 전적으로 예수회 신부 앙드레에게서 얻었다. 동시대 사람들은 이 항목을 전혀 문제가 없다고 보았다. 장 앙리 사뮈엘 포르메가 1759년에 『미에 대한 논고』를 다시 편집해 출판했을 때 그는 서문에 "학식이 깊은 백과사전 집필자"의 항목을 아무런 언급 없이

다시 실어놓았다. […] 칸트는 1759년 이후에 자신의 제자였던 하만에게 이 항목을 읽어보라고 권했다. 하만은 1764년에 칸트의 『아름다움과 숭고함의 감정에 관한 고찰』의 서평을 쓰면서 주저 없이 "칸트의 이 고찰은 『백과사전』에 디드로가 쓴 「미」 항목과 나란히 둘 만한 가치가 있다"고 선언했다. 그러므로 칸트가 이십 오 년 후에 『판단력 비판』(1790)에서 미학의 문제를 훌륭히 종합 하기 전에 디드로를 통해 미학 연구를 시작하고 이론을 명확하게 했다는 점은 디드로에게 결코 작지 않은 명예가 될 것이다.[1]

여기서 베르니에가 지적한 디드로와 칸트의 미학적 연관 관계가 어떠한 것인지는 아직 분명하게 밝혀지지 않았다. 다만 여러 연구자 들은 칸트가 『아름다움과 숭고함의 감정에 관한 고찰 *Beobachtungen über das Gefühl des Schönen und Erhabenen*』을 통해 초기 미학 사상을 형성하던 시기에 디드로가 『백과사전』에 집필한 여러 항목을 분명히 읽었고, 특히 「미」 항목에 주의를 기울였다는 점에 동의한다. 디드로 연구가 자끄 슈이예는 이 문제를 좀 더 발전시켜 다음처럼 설명한다.

[칸트는 하만에게 이 항목을 읽어보라고 했는데] 하만은 처음 읽어보고 [이 항목이] "수다스러울" 뿐이어서 독일어로 번역할 가치가 없다고 생각했고, 디드로가 이 항목에서 "허치슨의 [이론 을] 요약"해 놓고 싶었을 뿐이라고 확신했다. 반대로 칸트가 『아

1. Paul Vernière, ≪Introduction≫ des *Recherches philosophiques sur l'origine et la nature du beau*, in *Œuvres esthétiques*, Classique Garnier, 1994, pp. 388-389.

름다움과 숭고함의 감정에 대한 고찰』을 출판하자 하만은 주저
없이 "칸트의 이 고찰은 『백과사전』에 디드로가 쓴 「미」 항목과
나란히 둘 만한 가치가 있다"고 선언했다. [디드로의 항목을] 더
잘 읽었다는 증거일까? 오히려 이를 두 가지 방식으로 다르게
읽었다는 증거로 봐야 할 것이다. 첫 번째 독서에서는 비판적
입장을 강조했고, 두 번째 독서에서는 「미」 항목의 이론적 내용을
강조했다. 아마 스승이었던 칸트의 영향을 받아 하만은 생각을
바로 잡았던 것 같다. 두 경우 모두 읽었던 방식에 따라 읽은
내용을 쓰는 방식도 달라졌기 때문에 두 개의 독서를 전혀 다른
것으로 만들어 놓았다.[…]²

그러나 우리는 여기서 디드로의 「미」 항목이 젊은 칸트에게 결정적
인 영향력을 주었다고 성급히 결론지을 수는 없다. 오히려 현대의
철학자들 가운데에서 디드로의 이 글을 부정적으로 평가하는 사람들
도 있다.³ 특히 에른스트 카시러는 디드로의 미학이론이 근본적으로

2. Jacques Chouillet, *La Formation des idées esthétiques de Diderot*, Armand Colin, 1973,
   pp. 258-259. 하만의 독일어 원문은 다음과 같다 "…Ich bin noch gestern Abend
   mit der Arbeit fertig geworden, die Sie mir in Vorschlag gebracht. Der Artikel über
   das Schöne ist ein Geschwätz und Außug von Hutchinson [sic.]"(하만이 칸트에게 보낸
   편지, 1759년 7월 27일, 쾨니히스베르크) (*Hamanns Schriften*, éd. Roth, Berlin,
   Reimer, 1821, I, p. 431) "Außer den Versuchen eines Crousaz, Hutchinson, André
   (dessen Uebersetzung von einigen Mitgliedern der hiesigen Königlichen deutschen
   Geselleschaft bekannter unter uns ist als die neue vermehrte Ausgabe der französichen
   Urschrift) verdienen gegenwärtige Betrachtungen über das Gefühl dem Artikel Beau das
   Herrn Diderot in der Encyclopädie an der Seite zu stehen." (1764년 4월 30일자 신문.
   Ibid., III, pp. 269-270)

실패했다고 규정한다.

　　"미적 감식력이란 무엇인가? 그것은 반복 경험에 의해 얻어진 재능으로서, 진眞 혹은 선善이 미美로 전환되는 상황을 파악하는 재능이요, 또 이러한 파악에 의해 쉽사리 감동될 수 있는 재능이다." 미를 순전히 경험적으로 설명하려는 디드로의 이러한 말은 물론 미의 특성을 흐릿하게 하고 또 미를 자연적 내지 도덕적으로 완전한 것 즉 '객관적으로 합목적적인 것'으로 해소해버리는 위험성을 지니고 있다. [⋯] 미를 이처럼 경험적이고 실천적으로 설명할 때, 미는 일상 경험으로 환원될 위험이 따른다. 다시 말해서 미의 원천과 미의 직접적 형태가 일상적으로 유용한 것으로 환원될 위험이 따른다. [⋯] 디드로의 경험론은 그것이 극복하고자 했던 위험을 피하지 못하게 되었고, 합리주의적 미학을 붕괴시킨 암초를 피하지 못하였다. [⋯] 고전 미학과 경험론의 설명방식은 모두 미의 고유한 의미와 가치를 설명하는 데 실패한다. 왜냐하면 두 경우 모두 사용된 표준이 미의 순수 형상이 놓여 있는 지평과는 다른 지평에 있기 때문이다. [⋯] 미의 진정한 자율성과 상상력의 자족성은 다른 방식으로만 확보될 수 있다. 이 목적을 달성하는 데에 필요한 지적 충동은 합리적 미학에서도 나올 수 없고 경험적 미학에서도 나올 수 없다. [⋯] 그것은 오직 미의

3. 여기서는 Ernst Cassirer, *Die Philosophie der Aufklärung*, Tübingen, Verlag von Mohr, 1932 와 Władysław Folkierski, *Entre le classicisme et le romantisme. Etude sur l'esthétique et les esthéticiens du XVIIIe siècle*, Paris, Honoré Champion, 1969 의 예만 들기로 하자.

순수 직관 속에 침잠하고 이러한 직관 내용을 온전히 살려 내려는 사람에게만 나올 수 있다.[4]

카시러는 『계몽주의 철학』에서 18세기에 등장한 다양한 미학이론들이 불완전했고 미숙했던 부분이 있음을 지적하면서, 이런 이론들이 토대가 되어 결국 세기말에 "칸트 철학과 괴테의 시"[5]에서 미학이 최종 완성되었다고 주장한다. 그의 입장은 한마디로 말해서 17-18세기의 모든 미학 논의가 칸트가 1790년에 내놓은 『판단력 비판』에 이르기 위한 사전 준비과정이라는 것이다. 18세기에 논리학, 도덕철학, 자연철학, 심리학 등에 맞서 미학의 문제가 처음으로 대두되었고, 이 '새로운 문제'가 기존 학문에서 독립되어 '미학'의 이름을 얻었다. 이 새로운 학문은 기존 철학 및 심리학과 혼동될 수 없는 '자율성'과 '독립성'을 가져야 했고, 따라서 칸트 이전에 미의 문제를 연구했던 모든 철학자들은 근본적으로 '한계'를 지닐 수밖에 없으며, 이러한 관점에서 보면 디드로의 미학 사상 역시 이와 다른 운명을 가질 수 없었다. 그러나 우리는 여기서 디드로의 미학이론을 역사적으로 평가하기보다 그의 초기 저작에서 드러난 미에 대한 입장을 간단히 요약하는 것으로 만족하겠다.

디드로의 「미」 항목이 무엇보다도 『백과사전』을 위해 작성되었던 것임을 잊어서는 안 될 것이다. 디드로는 자신의 입장을 직접 제시하

---

4. 에른스트 카시러, 『계몽주의 철학』, 박완규 역, 민음사, 1995, pp. 412-414.
5. *Ibid.*, p. 371.

지 않고 기존에 있었던 논의를 역사적으로 정리하고 소개하려고 노력한다. 먼저 이 항목이 다른 항목들과 달리 특이해 보인다면 그것은 이 항목이 표제를 정의하는 것으로 시작하지 않는다는 점이다. 이는 디드로가 나중에 설명하듯이 '미'에 대한 만족스러운 정의가 아직까지 존재하지 않았기 때문이다. 17세기 말에 나온 프랑스어 사전에서 '미'는 대단히 막연하고 불완전하게 정의되었다. 1690년에 나온 퓌르티에르 사전의 '미' 항목에서 미는 "보기에 좋은 것" 또는 "귀에 듣기 좋은 것"으로, 1694년에 초판이 나온 아카데미 사전에서는 "보기에 좋도록 균형이 잡혀 있거나 색이 혼합된 것"이라는 언급이 있다. 이러한 정의는 판을 거듭해도 수정되지 않았다. 18세기에 나온 트레부 사전은 '미'의 다양한 용례를 언급해 놓고 있다. 이 사전에 따르면 미는 "전체의 부분들 사이에 보기 좋은 비례가 있기 때문에 우리의 감각, 특히 시각을 즐겁게 하고 마음에 들게 하는 어떤 것"(1732년 3판의 정의)이다. 이 사전은 '미'를 시각의 차원으로 국한시켰고, 미적 쾌감은 '비례'로부터 나온다고 설명한다.

디드로는 미를 올바르고 완전하게 정의하기 위해 "미의 문제를 가장 잘 다루었던 저자들의 다양한 생각들을 보여주는 것으로 시작"했다. 우선 디드로가 『백과사전』의 「미」 항목에서 가장 중요하게, 많은 분량을 할애하여 언급한 두 저자는 프랑스 예수회 신부 이브 앙드레와 스코틀랜드 철학자 프랜시스 허치슨이다.[6] 앙드레 신부는

..
6. 이브 마리 앙드레(Yves Marie André 1675-1764)는 예수회 신부로 파리에서 신학과 철학을 공부했다. 오라토리오회 철학자 말브랑슈와 교제했다. 그는 데카르트주의에 서서 본유관념을 옹호하는 입장을 취했다. 프랜시스 허치슨(Francis Hutcheson 1694-1746)은 북아일랜드 장로파 가계 출신으로 스코틀랜드 글래스고우 대학에서

기본적으로 미에 대한 플라톤과 성 아우구스티누스의 입장을 취하면서 '규칙성', '질서', '균형', '대칭'을 갖는 대상이 아름답다고 주장한다.[7] 디드로가 앙드레 신부의 입장을 높게 평가하는 까닭은 앙드레 신부가 어떤 대상이 미적 대상이 되기에 필요한 절대적 속성을 정의했기 때문이라기보다는, 이러한 추론을 자연물, 인공물, 풍속, 정신의 작품, 각각의 예술 장르와 개별 작품에 이르기까지 수미일관하게 적용시켜보려고 했기 때문이다. 아름다움의 판단이 개인에 따라 각자 다르고, 사람의 편견, 교육, 변덕, 제도에 좌우되기 때문에 아름다움이란 존재하지 않는다고 말해서는 안 된다. 앙드레 신부는 단일성과 규칙성, 질서, 대칭, 균형 등은 신의 속성이며, 신의 피조물인 자연에 이러한 속성이 들어 있고, 또 인간은 이러한 속성을 자신이 만드는 작품에 구현하고자 한다. 이들은 모두 서로 다른 범주에 속하므로, 개인 '취향'으로 판단할 수 있는 것이 아니다. 인간의 미적 판단이 '임의적'이고 '변덕스럽다'고 주장하는 미적 회의주의자들의 오류는 미 일반과 개별적으로 미가 구현된 개체를 혼동한다는 점이다.

앙드레 신부가 '미'의 존재를 확신하고 개별적 '미'의 양상을 구체화시켰다면 허치슨은 '미'의 특징이 대상에 전적으로 내재해있다는

<hr>

도덕 철학을 가르쳤고 아담 스미스가 1737-1740년 사이에 그에게 배웠다. 존 로크의 영향을 많이 받은 허치슨은 스코틀랜드 계몽주의의 선구자로 간주된다.

7. "우리의 기초적 관념에 잠깐만 주의를 기울여보아도 불규칙성, 무질서, 불균형보다 규칙성, 질서, 균형, 대칭을 선호하게 되리라는 점을 이해할 수 있지 않을까?" (Yves André, *Essai sur le beau*, nouvelle édition, Paris, Etienne Ganeau, 1770, p. 9) "그러므로 우리 정신을 초월하여, 미의 본질적 규칙이면서 예술을 실천할 때 찾게 되는 어떤 본래적이고, 지고하고, 영원하고, 완전한 단일성이 존재한다는 점을 깨달아야 하지 않을까?" (Yves André, *Ibid.*, p. 14)

입장을 수용하지 않고 '미'를 지각하는 개별 주체의 판단을 강조한다. 허치슨은 감각지각이 불러일으키는 여러 가지 감각작용, 즉 '차가움', '뜨거움', '부드러움', '밝음', '어두움' 등과 같은 방식으로 '아름다움'을 파악해야 한다고 주장했다. 우리가 어떤 대상과 접촉하여 예를 들어 '차가움', '뜨거움' 등을 느낄 때, 그 대상에 '차가움'과 '뜨거움'에 해당하는 어떤 특징이 내재해 있는 것은 아니다. 이는 물이나 기름, 금속 등과 같은 여러 개별 대상의 일시적 상태일 뿐이기 때문이다. '아름다움'도 이와 같아서 이는 대상의 내부에 미리 내포된 어떤 특성을 '지각'하고 '모방'하는 것이라고 할 수 없다. 우리가 어떤 대상이 아름답다고 느낄 때 그 대상 내부에 '질서', '대칭', '균형'의 속성이 항상 들어있는 것은 아니다. 그러한 속성을 전혀 고려하지 않을지라도 아름답다고 느껴지는 경우가 있고, 반대로 그러한 속성이 있는 대상을 아무리 살펴보아도 아름답다는 느낌이 전혀 들지 않는 경우도 있기 때문이다. 따라서 우리에게는 아름다움이라는 생각을 우리 내부에서 불러일으키는 어떤 '내적 감각'이 존재한다고 봐야 한다.

디드로가 앙드레 신부에게서 발견한 것은 예를 들어 예술작품의 규칙은 대체로 주관적이거나 임의적이지 않다는 점이다. 이런 점에서 미란 사람마다 다르게 느껴지는 주관적이고 변덕스러운 것이라는 주장은 설득력을 잃는다. 건축, 음악, 시 등에서 제시된 규칙들은 자연에 존재하는 법칙을 오랜 시간에 걸쳐 주의 깊게 관찰한 결과이다. 만일 규칙이 수정되거나 다른 규칙이 세워진다면 그것은 기존의 규칙이 임의적이었기 때문이 아니라 그 규칙을 만든 관찰이 불확실했기 때문이다. 따라서 천재와 대가는 "규칙을 넘어서서 정황에 따라 새로운 규칙을 상상해내고 수정하고 추가하기도 한다." 완전성을 구비한 예술 작품은 우리에게 강한 미적 경험을 마련해준다. 그러나 구성이 제대로 되지 않고 솜씨가 부족한 예술 작품은 우리에게 좋은 인상을 주지 않는다. 그러므로 예술가와 수용자가 미적 완전성을 추구하고 이해하는 까닭은 미적 대상 내부에 절대적인 미적 속성이 존재하기 때문이다. 앙드레 신부와 디드로는 이렇게 예술작품이 추구해야 할 '완전성'과 '독립성'을 강조한다.

반면에 디드로가 허치슨에게서 찾았던 것은 개인의 미적 판단 자체의 유효성 및 절대성이다. 예술작품은 반드시 규칙을 준수해야만 수용자에게 아름다움의 감정을 불러일으키는 것은 아니다. 또 어떤 예술작품이 모든 사람에게 똑같이 아름답게 받아들여지는 것도 아니다. 내가 어떤 대상을 보고 마음속에서 아름답지 않다는 생각을 한다면 그것은 그 대상이 내게 실제로 아름답지 않기 때문이다. 따라서 어떤 권위를 가진 사람도 미와 미가 아닌 것을 독단적으로 결정할 수는 없다. "우리에게 세상을 다 준다고 하고 그 대신 억지로 추를 아름답게, 미를 추하게 생각하라고 해보라. 너무나도 끔찍하게 협박해서 그렇게 해보라. 지각과 '내적 판단'은 한 치도 바뀌지 않을 것이다. 입으로는 당신 입맛에 맞춰 칭찬을 하거나 비난을 하겠지만 '내적 감각'은 변함없이 그대로일 것이다." 어떤 아카데미즘도, 어떤 정치적 권위도 개인이 실제로 지각해서 내린 미적 판단을 부정하거나 억압해서는 안 된다. 허치슨과 디드로는 이렇게 미적 판단의 '자율성'과 '자유'를 강조한다.

미를 수용자의 외부에 둔 앙드레 신부의 의견과 미를 수용자의 내적 감각 판단으로 보는 허치슨의 의견이 이렇게 갈라진다. 양자 모두 장점이 있고 단점이 있다. 어떻게 이 두 의견을 종합할 수 있을까?

우선 어떤 대상이든지 그것이 아름다운지 그렇지 않은지 비교할 수 있는 단위가 필요할 것이다. 디드로는 "존재들 사이에 있는 차이와는 상관없이 […] 미라는 말을 기호로 삼을 수 있는 특징", "무엇인가가 있어야 사물이 아름답게 되는 특징", "그 특징이 부재하면 사물이 더 이상 아름답게 되지 않게 되는 특징"이 필요하리라 생각한다. 사회적이든, 도덕적이든, 종교적이든 상관없이 그 어떤 외부의 가치 판단과도 상관없이 어떤 대상을 아름다운지, 그렇지 않은지 판단할 수 있는 특징은 어떤 것이 되어야 할까? 그것은 질적 특징이라기보다는 오히려 양적 특징이 되어야 할 것이다. 그리고 디드로는 그 특징을 "관계"라고 부른다.[8]

사실 디드로의 이 정의는 대단히 모호해 보인다.[9] 이를 이해하기 위해서는 디드로의 이전 저작에서 이 "관계"가 어떻게 나타났는지 살펴보아야 한다.

디드로는 1748년에 다섯 편의 수학 논문을 모아 『수학논문집』을 출판했는데, 이것이 그의 첫 번째 공식 저작이다. 그는 이 책에 실린 첫 번째 논문에서 '음향학'을 연구했는데, 여기서 동시대에 나온 음악의 여러 원칙들과 이론을 언급하고 있다. 디드로는 이 논문의 첫 부분

---

8. "두 개의 양을 크기에 따라 비교한 결과이다."(『백과사전』, 「(기하학과 산수에서의) 관계」(XIII: 797a))

9. "디드로가 관계들의 단순 존재를 미라고 정의했을 때 이는 [미의 정의로는] 지나치게 부족하고, 디드로가 이 관계들을 통해서 목적에 맞게끔 만드는 것 이상으로 특별하게 이들 관계를 정해버렸던 것이라면 이는 적어도 너무 지나친 것이리라."(Władysław Folkierski, *Entre le classicisme et le romantisme, op. cit.*, p. 391)

에서 음악의 미적 경험이 다양해지게 되는 모든 가능성을 다음과
같이 요약한다.

> 우리의 감각이 흥미를 느끼게 되는 모든 국면에서 [감각] 대상,
> 감각의 상태, 정신으로 옮겨진 이미지나 인상, 정신이 이러한 이
> 미지나 인상을 수용할 때 처한 조건, 정신이 이를 통해 갖게 되는
> 판단을 고려해야 한다.
>
> 대상의 상태는 간혹 나와는 무관할 때가 있지만, 나는 그 대상
> 의 쓰임새에 따라 대상의 상태가 좋은지 나쁜지는 알 수 있을
> 것이다. 감각기관은 순수할 수도 있고 결함이 있을 수도 있다.
> 이미지나 인상은 감각기관의 조건에 따른다. 정신은 여러 가지
> 변화에 노출된다. 이로부터 무수히 많은 다양한 판단이 생기게
> 된다.
>
> 나는 누구를 길잡이로 삼을 것인가? 누구 말을 믿을 것인가?
> 당신인가? 나인가? 나는 대상의 쓰임새를 잘 알기에 자신이 처한
> 조건에도 틀릴 위험이 없는 사람, 감각기관이 순수하고, 정신이
> 건강하고, 감각이 대상의 이미지를 왜곡하지 않는 사람을 따를
> 것이다.[10]

음악은 외부에서 음의 진동이 일어나 공기를 통해 우리의 청각기관
에 전해져 감각에 자극을 일으키고, 이렇게 생긴 자극이 청신경을

---

10. Diderot, *Mémoires sur différents sujets de mathématiques, Œuvres complètes*, éd. par
Herbert Dieckmann, Jacques Proust, Jean Varloot, t. II, Hermann, 1975, p. 236. (이하
이 판본에서 인용할 때는 DPV로 약칭함)

통해 정신에 전달되어 감각작용을 만들어내는 일련의 과정이다. 디드
로는 음악적 쾌의 기본 조건은 감각기관이 건강한지 그렇지 않은지,
감각 자극을 수용하는 정신이 정상적인지에 달렸다고 본다. 그는 미
적 판단에 영향을 미치는 수많은 가능성을 빠짐없이 열거하면서, 이
렇게 수많은 조건들이 미적 판단을 좌우한다면 어떤 판단이 가장
합당한지 어떻게 알 수 있는지 묻는다. 음악가인 당신의 판단이 옳은
가? 아니면 음악의 문외한인 나의 판단이 옳은가? 디드로는 무엇보다
"감각기관이 순수하고, 정신이 건강하고, 감각이 대상의 이미지를
왜곡하지 않는 사람"의 미적 판단을 따라야 한다고 생각한다. 우선
미적 판단에 앞서 음이 청각과 정신으로 전달되면서 만들어내는 자극
을 객관적으로 파악할 수 있는 능력이 전제되어야 한다. 그리고 디드
로는 모두가 음 하나하나를 정확히 들을 수 있다고 가정하고, 이제
음들 사이의 관계를 지각하는 문제로 넘어간다.

> [음이] 진동할 때 등시성(isochronisme)이 지켜지지 않아서 음의
> 관계가 [단일하지 않고] 변하게 될 때 감각기관은 슬픔(le chagrin)
> 을 느끼게 된다. 감각기관은 그 감각기관을 자극한 음이 그 음
> 앞에 나왔던 음, 그 음과 동시에 들리는 음, 그 음을 뒤따르는
> 음과 어떤 관계에 있는지 모르기 때문이다. 이 점을 통해 음악적
> 쾌는 음의 관계들의 지각이라는 점이 증명된다.[11]

음은 진동수에 따라 결정되는데, 진동수가 크면 높은 음으로 들리

11. *Ibid.*, pp. 254-256.

고 진동수가 작으면 낮은 음으로 들린다. 이를 지각하는 곳이 바로 우리의 청각기관이다. 예를 들어 어떤 음의 진동수가 100이라고 한다면 진동수 200의 음은 앞의 음보다 한 옥타브 높은 음이며, 진동수 400의 음은 두 옥타브 높은 음이다. 반대로 진동수 50의 음은 첫 번째 음에 대해 한 옥타브 낮은 음이며, 진동수 25의 음은 두 옥타브 낮은 음이다. 진동수 100의 첫 번째 음을 1로 놓고 이 음과 다른 음들의 관계를 따져보면 $\frac{1}{4}:\frac{1}{2}:1:2:4$가 된다. 이렇게 서로 다른 음들이 연주될 때 진동수의 비례식에 따라 이들 음 사이에 일정한 관계가 성립한다. 이를 계속해보자. 진동수 100의 음과 5도의 관계에 있는 음은 진동수가 150이므로 이들 간의 관계는 2:3으로 나타낼 수 있다. 이런 식으로 4도의 관계에 있는 음은 3:4, 장 3도의 관계에 있는 음은 4:5, 단 3도의 관계에 있는 음은 5:6 등으로 표현된다.[12]

일반적으로 두 음 사이의 관계가 가장 단순할수록 우리 귀에는 기분 좋게 들린다. 즉 두 음이 한 옥타브 차이가 나는 1:2의 관계일 때가 그 경우이다. 그러나 이 경우를 같은 옥타브 음의 반복이므로 제외한다면 우리 귀에 가장 기분 좋게 들리는 경우는 두 음 사이의 관계가 2:3일 때, 다시 말하면 두 음이 5도 관계에 있을 때이다. 음의

12. 이러한 설명은 피타고라스의 이론에 따른 것이다. 피타고라스는 두 음 사이의 비율이 X:(X+1)일 경우에 협화음정을 이룬다고 보았다. 그러나 피타고라스는 이 비율을 4 이상으로 늘리지 않았다. 따라서 피타고라스 시대에 장 3도와 단 3도는 협화음정으로 간주되지 않았다. 4 이상의 음의 비율을 고려하기 시작한 것은 이탈리아 르네상스 시대의 음악이론가 주제페 짜를리노부터이다. 짜를리노는 누메로 세나리오(numero senario)를 도입하여 두 음 사이의 비율을 6까지 확장시켜 장 3도(4:5)와 단 3도(5:6), 장 6도(3:5)와 단 6도(5:8)을 협화음정에 포함시켰다. 짜를리노는 단 6도는 완전 4도(3:4)와 단 3도(5:6)의 결합으로 보았다.

관계를 표현하는 수가 커지면 커질수록, 즉 두 음의 관계가 복잡하면 복잡할수록 쾌가 줄어드는 까닭은 이러한 관계를 지각하는 데 "더 많은 재능과 연습과 주의력이 요구되기"[13] 때문이다. 그렇다고 음의 관계를 무한히 세분화할 수는 없다. 듣는 사람의 청각 지각 능력에 한계가 있어서 지나치게 크거나 낮은 진동수를 구분할 수 없기 때문이다. 이런 이유로 이론적으로 한 음계의 음은 무한히 분할 가능하지만 음악예술의 대상으로 선택할 수 있는 음은 일정하게 제한되어 있다.

디드로는 음들 사이에 일정한 수학식으로 표현될 수 있는 "관계"가 존재하고 이러한 관계를 지각하는 데서 미적 인식이 비롯한다고 주장했다. 그런데 이는 단지 음악이나 건축에 국한된 경우는 아닐까? 다른 예술에서는 사정이 다르지 않을까? 하지만 디드로는 음악의 미적 판단 과정을 다른 예술에도 똑같이 적용할 수 있다고 생각한다.

그러나 이러한 기원은 음악의 쾌에만 특별한 것은 아니다. 일반적으로 쾌는 관계들의 지각이다. 이 원칙은 시, 회화, 건축, 도덕, 모든 예술과 모든 학문에 적용된다. 우리가 아름다운 기계, 아름다운 그림, 아름다운 주랑柱廊을 보고 즐거움을 느끼는 것은 오로지 이들 속에서 관계를 알아보기 때문이다. 아름다운 연주회처럼 아름다운 삶도 그러하다고 말할 수 있지 않을까? 우리가 감탄하고 즐거움을 느끼는 토대가 되는 것이 관계들의 지각이다. 우리가

<hr>

13. Diderot, *Mémoires sur différents sujets de mathématiques*, in *Œuvres complètes*, t. II, DPV, p. 236.

학문과 예술에서 얻는 대단히 미묘한 현상을 설명하기 위해서는 바로 여기에서 출발해야 한다. 너무나 임의적인 것처럼 보이는 것일지라도 관계들이 이미 제시되어 있다. 또 공부를 많이 해서 이 원칙에 포함된 모든 것을 일반적으로 적용할 수 있는 사람이 있다면 이 원칙을 취향에 대한 철학논고에 기초로 삼아야 한다.[14]

디드로는 "관계들의 지각" 이론을 여러 예술 장르에 구체적으로 적용시켜보지는 않았지만 이러한 논의는 그의 초기 저작에서 여러 번 등장한다. 그는 『백과사전』 2권의 「미」 항목을 쓰기 직전인 1751년에 『농아聾啞에 대한 편지』를 썼고, 이 책의 내용에 대해 디드로에게 질문했던 드 라 쇼 양에게 답변하는 편지를 뒤에 실었는데, 여기에서도 동일한 표현을 찾아 볼 수 있다. "[…] 이 원칙이 그저 건축에나 해당될 뿐이라고 생각하지 마세요. 일반적으로 취향은 관계들의 지각입니다. 우리가 아름다운 그림, 아름다운 시, 아름다운 음악을 보고 들을 때 즐거움을 느끼는 것은 오로지 이들 속에서 관계를 알아보기 때문입니다. 아름다운 연주회처럼 아름다운 삶도 마찬가지입니다"[15]라고 썼다. 여기서 디드로가 주장하고자 하는 것은 무엇일까? 그가 "관계"에 주목하는 것은 어떤 대상이 개별적으로 우리에게 쾌 혹은 불쾌의 감정을 불러일으킬 수는 있지만 그것을 그 대상 자체에 미적 특성이 있다고 볼 수도 없고, 우리의 기분, 기질, 정황에 따라 대상을

14. *Ibid.*, p. 256.
15. Diderot, *Lettre sur les sourds et muets*, in *Œuvres complètes*, DPV, t. IV, 1978, p. 203. 판본에 따라 삶(vie)으로 표기한 곳이 있고 풍경(vue)으로 표기한 곳이 있다. 우리가 참조한 DPV 판본에서는 'vue' 대신 'vie'를 택했다.

보는 관점이 달라진다고 볼 수도 없기 때문이다. 음 하나하나, 색 하나하나가 그 자체로 쾌나 불쾌를 일으키기는 하지만 아름다움의 감정은 항상 이들이 다른 것과 맺는 관계를 통해서 생긴다. 디드로의 이런 주장은 근본적으로 예술작품을 아름답거나 추하다고 판단하는 근거는 그 작품을 구성하는 개별 요소들 자체에서 찾아서는 안 되고, 능숙하거나 그렇지 못한 예술가가 이러저러한 방식으로 이들 요소를 배치하는 방식, 그리고 수용자가 이러한 배치의 방식과 차이를 지각하는데서 찾아야 한다는 점을 강조하기 위한 것이다. 예를 들어 음악에서 5도 음정이 2도 음정보다 귀에 더 기분 좋게 들리는 것은 당연한 사실이다. 그러나 5도 음정이든, 2도 음정이든 그 자체에는 어떤 고유한 미적 특성도 없다. 그래서 어떤 음악곡이 5도 음으로만 진행된다면 지나치게 단조로워지고 말 것이다. 음악에 대한 미적 경험이 적은 아이들이라면 이러한 단순한 관계를 '지각'할 때 즐거움을 느낄 수 있지만, 음악을 많이 듣고 연주했던 사람은 그러한 음악을 너무 단순하다고 보고 즐거움을 느낄 수 없을 것이다. 그러나 이 음악의 화성을 보다 복잡하게 만든다면 2도 음정 역시 악곡 구성의 중요한 요소로 들어온다. 낯선 음정이 개입할 때 그 소절의 의미가 더욱 두드러질 수 있고, 음악이 진행되면서 이 2도 음정에 다른 음정을 덧붙여 해소하는 화성이론을 이해하는 관객이나 연주자는 이 복잡한 음악에서 대단한 즐거움을 느낄 것이다.

사실 디드로는 한 예술작품을 구성하는 수많은 요소의 섬세한 배치와 자연스러운 구성의 방식이 갖게 되는 미적 효과를 강조한다. '아름답다'는 말은 분명히 이 단어를 읽는 사람에게 '아름다움'이라는 개념을 불러일으키는 기호이지만, 그 말 자체에는 아름다움의 요소가 전혀 없다. 우리가 어떤 시구詩句를 아름답게 듣는다면 그것은 그 시구에 그 자체로 아름다움의 특징을 갖는 단어가 들어있어서가 아니라, 그 시구를 구성하는 여러 요소가 조화롭게 어울려 있기 때문이다. 디드로가 「미」 항목에서 숭고미의 한 예로 든 코르네이유의 한 문장을 살펴보자. 늙은 오라스는 전쟁에서 세 아들 가운데 두 아들을 잃었다. 그에게는 이제 하나 남은 아들뿐이다. 조국을 지키고 가문의 명예를 지키기 위해 그 아들은 어떻게 되어야 할까? 오라스는 단호하게 "죽어야지(Qu'il mourût)"라고 말한다. 이 말이 관객에게 놀라움을 주고 감동을 준다면 그것은 이 짧은 문장 자체에 어떤 아름다움의 요소가 들어 있기 때문이 아니다. 반대로 이 문장에는 아름다움의 특징이 되는 것이 전혀 없고 전후 문맥을 살펴보지 않는다면 의미가 모호하기조차 하다.[16] 그래서 이 비극을 본 적이 없고, 어떤 상황에서 이런 말이 나왔는지 모르는 사람은 오라스의 이 외마디 선언이 아름다운지 아닌지 판단할 수 없다.

그러나 내가 그에게 이것은 전쟁에서 해야 하는 일이 무엇이냐는 물음에 대한 답변이라고 말한다면, 그는 이 답변에서 죽는 것보다 사는 것이 항상 좋은 것이라고 믿게 하지 못하는 용기 같은 것을 발견하기 시작한다. 그리하여 그는 '죽어야지'라는 표현에 흥미를 갖기 시작한다. 덧붙여 이 전투에 조국의 영예가 달렸고, 싸우는 사람이 질문을 받은 사람의 아들이고, 그것도 그

----

16. 이 문장을 구성하는 세 단어는 접속법을 이끄는 *que*, 남은 한 명의 아들을 가리키는 단수 3인칭 대명사 *il*, 죽다(mourir) 동사의 접속법 반과거 *mourût*이다.

에게 남은 유일한 아들이고, 그 젊은이는 형제 둘의 목숨을 빼앗
은 세 명의 적과 맞서고 있고, 늙은이는 지금 자기 딸에게 말하고
있고, 그 늙은이는 로마 사람이라고 한다면 그때 아름답지도 추하
지도 않았던 이 '죽어야지'라는 답변은 정황과 함께 관계를 설명
해 나감에 따라 아름다워지고 결국 숭고해지기에 이른다.

똑같은 표현이라도 누가 어떤 상황에서 말하는가에 따라 전혀 다른
의미를 갖게 되고 이에 따라 독자는 완전히 다른 감정을 느끼게 된다.
따라서 아름다움은 시어 자체에 들어 있는 것이 아니라 그 시어가
전체적으로 맺는 무수한 관계들을 지각할 때 비로소 느껴지게 된다.
이 문제를 좀 더 깊게 살펴보자. 디드로는 드 라 쇼 양에게 보내는
편지에서 베르길리우스의 『아이네에스』에서 한 문장을 인용한다. 그
는 이미 "미와 미가 계기가 된 쾌를 혼동"해서는 안 된다고 주장했다.
아름다움이 우리에게 쾌를 불러일으키기는 하지만, 쾌 자체를 아름다
움과 혼동해서는 안 된다. 한 예로 음악의 협화음은 개별적으로 놓고
봤을 때 언제나 듣기 좋고, 불협화음은 그렇지 못하다. 하지만 그렇기
때문에 불협화음, 혹은 불쾌한 느낌을 주는 요소를 아름다움을 추구
하는 예술작품에서 항상 제거해야 하는 것은 아니다. 아래의 예를
통해 시에서 귀를 거스르는 음이 어떤 효과를 만들어내는지 살펴보자.

Monstrum, horrendum, informe, ingens, cui lumen ademptum.

무시무시하고 못생기고 거대하고 눈먼 괴물이[17]

· ·
17. 베르길리우스, 『아이네이스』, III권 658행, 천병희 역, 숲, 2004, p. 153. "우리는

　이 부분은 율리시스가 외눈박이 괴물 폴리페무스가 취해 잠들자 이 괴물의 눈에 말뚝을 박아 넣어 앞을 보지 못하게 만들어 탈출에 성공하게 되는 이야기이다. 베르길리우스는 이 거대한 괴물이 하나뿐인 눈마저 잃고 바닷가로 내려가는 모습을 그리고 있다. 먼저 이 시구를 소리 내어 읽어보자.

　　　Mōnstr(um), hōr | rend(um), īn | fōrm(e), in | gens, cŭī | lūmĕn, ăd | ēmptŭm.[18]

　이 시는 전형적인 6각시(héxamètre)로, *Monstrum, horrendum, informe* 의 세 단어는 각각 장모음으로 구성되었고, 뒷부분은 단모음으로 구성되었다. 이렇게 구성한 이유는 분명하다. 첫 번째 6음절은 장장격(長長格 le spondée)으로 구성되었는데 이는 낮고 느린 움직임을 표현하는 데 적절하므로, 거대한 괴물이 시력을 잃고 비틀거리며 간신히 걸어 내려오는 거인의 무게감이 느껴진다. 두 번째 6음절은 장단단격(長短短格 le dactyle)으로 구성되었는데 이는 빠르고 가벼운 움직임을 표현하는데 적절하므로, 율리시스에게 시력을 빼앗겨 버린 순식간의 장면이

・・
　목자인 폴뤼페무스 자신이 산꼭대기에서 양 떼를 거느리고 거대한 덩치를 움직이며 자신이 잘 알고 있는 바닷가로 내려오고 있는 것을 보았습니다. 무시무시하고 못생기고 거대하고 눈먼 괴물이 손에 들린 소나무 밑동의 길 안내를 받으며 발걸음을 떼고 있었습니다." 원문을 직역하면 (시력을 잃어) 빛을 빼앗긴(*cui lumen ademptum*)과 같으나 여기서는 천병희 번역을 따랐다.
18.　기원후 1-2세기부터 단어 끝 *m*은 발음이 되지 않았다.

느껴진다. 여기에 시인은 *str, rren, for, cui, dempt* 등처럼 날카롭고 거칠게 들리는 자음을 겹쳐 놓으면서 이 괴물의 고통과 분노가 느껴지게끔 만들었다.

그런데 *Monstrum, horrendum, informe*에서 첫 번째와 두 번째 *um*의 *m*은 발음이 되지 않으므로 모음으로 끝난다. 두 번째 시어 *horrendum*의 *h*는 묵음이라서 모음 *o*로 시작하므로 '모음충돌(hiatus)'이 일어난다. 두 번째 시어와 세 번째 시어 사이에도 마찬가지로 모음충돌이 일어난다. '모음충돌'은 연속하는 두 단어가 모음으로 끝나고 다시 모음으로 시작되어 발음에 어려움이 일어나는 것을 말한다. 앞의 단어가 모음으로 끝났을 때 이를 발음하는 사람의 입은 여전히 열려 있는 상태이고, 뒤의 단어가 다시 모음으로 시작할 경우 다시 공기를 폐에서 끌어올려 새로운 모음을 만들어야 한다. 이렇게 모음이 중복되어 충돌이 일어나면 "듣는 사람에게 아름답게 들리지 않는다."[19] 일반적으로 이런 경우 아무 의미는 없지만 자음을 하나 삽입해서 발음의 편의를 도모한다(l'euphonie). 시에서 보다 귀에 기분 좋게 들리도록 자음을 삽입하거나 단어의 마지막 모음을 제거하는 까닭이 여기에 있다. 그러나 디드로는 위의 예에서 베르길리우스가 모음 충돌을 그대로 두고 일부러 귀에 거슬리도록 놓아두었다고 본다. 그 이유는 분명하다. 엄청난 괴물의 치명적 상처를 입고 둔중하게 간신히 움직이는 모습을 그리는데 귀에 좋은 소리가 들리도록 할 필요가 없고, 만일 그렇게 한다면 시인이 그려내고자 하는 이미지와는 반대의 효과를 가져올 수 있기 때문이다. 시적으로는 귀를 거스르는 거친 표현이

19. 『백과사전』, 「모음충돌」 항목 (VIII : 198a).

지만 베르길리우스는 불협하는 음과 음절을 반복하면서 주제에 완전히 부합하는 표현을 찾아낸 것이다.

음악에서 불협화음을 사용하는 것도 똑같은 이유이다. 불협화음 자체는 우리 귀를 거스르므로 피해야 할 것으로 간주되기 쉽다. 그러나 한 예로 7화음은 오랫동안 불협화음으로 간주되었지만 그렇다고 악곡에서 전혀 사용되지 않았던 것은 아니다. 7화음의 7도 음을 때로는 반음 상행하여, 때로는 반음 혹은 온음 하행하여 불쾌감을 상쇄할 수 있다. 이렇게 될 때 악곡은 으뜸화음으로 되돌아가려는 긴장감이 더욱 강하게 느껴지게 되므로 보다 극적인 효과를 얻게 된다.

> [음악에서 불협화음은] 다소 빈번히 사용된다. 그러나 거의 항상 불협화음을 반드시 사용해야 한다. 음악가들은 보통 불협화음이 준비되고 해소되기를 바란다. 당연히도 이점이 의미하는 바는 귀에 복잡한 관계를 제시하기 위해 단순한 관계를 버릴 이유가 충분하다면 즉시 다시 단순한 관계로 돌아와야 한다는 것 이외의 다른 것이 아니다.[20]

가장 초보적인 단계에서 대칭과 균형과 같은 단순한 관계가 선호되리라는 것이 자명하다. 그래서 건축물이 아무리 화려하게 장식이 되었더라도 결국 전체의 구성은 이러한 단순한 관계의 표현으로 환원되고, 음악곡이 아무리 길고 복잡할지라도 결국 처음에 시작한 조성으로 돌아와 끝나는 까닭이 여기에 있다. 인간의 감각기관은 공통적으

---

20. Diderot, *Mémoires de méthématiques*, *Œuvres complètes*, DPV, t. II, *op. cit.*, p. 256.

로 이렇게 대칭과 균형을 이루지 않고 관계가 복잡해지면 불안해지고 아쉬움을 느끼게 되기 때문이다.[21] 앙드레 신부가 절대 미의 특징으로 본 것이 바로 이러한 단순한 관계이다. 그러나 바로 이점 때문에 대칭과 균형의 지각으로 귀결하기 전에 종지終止를 늦추고 일정 부분을 반복하여 감각기관과 오성에 불안감과 긴장을 가중시킬 때 전체적인 예술작품의 표현력은 더욱 증가할 것이다.

여기에서 디드로가 미를 "관계들의 지각"으로 보고자 하는 이유를 찾을 수 있다. 그는 「미」 항목에서 "미를 관계의 지각에 두어보라. 세상의 처음부터 오늘날까지 미가 진보해 온 역사를 알게 될 것이다" 라고 말했다. 단순한 관계들로만 이루어진 예술 작품은 어린이도 쉽게 그 관계를 지각할 수 있기 때문에 미적 쾌감을 느낄 수 있다. 그러나 예술을 깊이 이해하고 감식력이 뛰어난 어른이라면 단순한 관계로만 이루어진 작품을 단조롭고 지루하다고 생각할 것이다. 이런 이유로 미적 판단이 무한할 정도로 다양하게 된다. 허치슨이 주장한 개인의 미적 판단 자체의 유효성과 절대성의 토대가 여기에 있다.

그러나 그가 "관계들의 지각" 이론을 내세운 더욱 중요한 이유는 당대 예술이 처한 상황에 대한 인식에서 찾을 수 있다. 현대의 예술사가들은 이 시기를 가리켜 흔히 "로코코"시대라고 하는데, 일정한 예술 양식을 성취했다기보다 많은 예술가들이 경박한 '매너리즘'에 빠져 있었음을 지적하지 않을 수 없다. 자연과 인간을 깊이 있게 연구하고, 자신의 예술을 공들여 연마하고, 선택한 주제에 적합한 표현과 이를 위한 새롭고 창조적인 표현의 방식을 창안하는 대신, 도덕과 모범을

21. Diderot, *Lettre sur les sourds et muets*, DPV, t. IV, p. 203.

무시하고 유행하는 취향에 따라 쉽고 가볍게 그림을 그리고 시를 짓는 경향이 팽배했다.

이러한 경향의 근본에는 모든 사람이 각자 다른 주관적인 취향을 갖고 있다는 미적 회의주의가 있었다. 이러한 회의주의의 주장에 따른다면 훌륭한 작품과 그렇지 못한 작품을 구분하고 평가할 수 있는 근거가 없게 된다. 모든 사람이 각자 예술 작품을 평가하는 기준이 다른데 어떻게 한 작품의 좋고 나쁨을, 훌륭하고 평범함을 따질 수 있을 것인가. 그렇다면 절대적인 아름다움이란 존재하지 않는다고 말할 수밖에 없다.

하지만 아름다움은 틀림없이 존재한다. 그리고 겉으로 보기에 아름답지만 실제로는 아름다움을 갖추지 못한 예술 작품이 있다. 다수 혹은 영향력을 가진 사람의 의견으로는 아름답다고 간주되지만 사실은 그렇지 못한 예술 작품이 있다. 한 예로 프랑스 신구논쟁에서 호메로스를 놓고 의견이 극단적으로 갈라졌다. 고대 그리스 로마의 문예를 모범으로 내세운 구파는 호메로스의 작품에서 현대인들은 아마 영원히 모방할 수 없을지 모르는 완벽한 아름다움을 보았다. 반면 현대인의 과학과 문학이 이미 고대인들의 수준을 넘어서고 압도했다고 보는 신파는 호메로스의 작품을 조잡하고 지루하며, 우아함도 세련됨도 없고, 시인이 내세운 도덕과 교훈은 현대인들이 받아들이기에는 너무 낡았다고 했다. 그러나 신파는 호메로스를 그리스어로 직접 읽지 않았다. 호메로스 시에서 넘쳐나는 이미지들과 그 시적 효과를 모든 사람이 쉽게 이해할 수 있는 것은 아니다. 섬세하고 정밀한 이미지들을 시인이 전체 구성에서 고려한 효과를 살려 내어 모두 지각하기 위해서는 오랜 동안의 독서가 필요하고 훌륭한 감식안이 있어야 한다. 그래서 호메로스 시를 한두 번 읽어보는 것으로는 충분하지 않다. 디드로는 최소한 열 번은 읽어야 한다고 말했다. 젊은 시절의 디드로는 그리스어 원전으로 된 호메로스를 늘 주머니에 넣고 다녔다. 그는 잠들기 전에 침대에서 성무일과를 읽듯 호메로스를 읽었다. 그가 보기에 호메로스 시의 음절 하나하나에, 음소 하나하나까지 아무런 목적 없이 우연히 선택된 것이 하나도 없으며, 이런 시구가 하나하나 모여 조화로운 전체를 구성했다. 호메로스 시에서 아름다움을 느끼지 못한다면 그것은 그의 시를 직접 읽지 않았기 때문이고, 시가 가져야 하는 아름다움이 어떤 것이고 시가 독자에게 줄 수 있는 감동과 효과가 어느 정도까지 클 수 있는지 모르기 때문이고, 시인이나 예술가가 작품을 만들 때 얼마나 공을 들이는지 알려들지 않기 때문이고, 그 작품이 만들어지기까지 얼마나 오랜 수련의 시간이 필요했고, 얼마나 인간에 대해 깊이 이해해야 하는지 관심이 없기 때문이고, 화가가 빛과 색채의 효과를 정확히 표현하듯, 주제에 들어맞는 시한 행, 음악 한 소절을 표현하는 일이 평범한 재주를 가진 사람으로서는 불가능에 가깝다는 점을 한 번도 생각해 본 적이 없기 때문이다.

디드로가 누구든 자유로이 미를 판단하고 자신의 미적 판단이 그 누구의 의견이나 권위에 의존하지 않아야 한다고 생각했다는 점은 이미 언급했다. 그러나 그것이 예술에 대한 폭넓은 이해와 작품에 대한 세심한 감상을 전제로 하지 않는다면 아무 의미가 없다. 어떤 시인과 화가는 재능을 팔아 평범한 감식안을 가진 사람이나 구스를 법한 작품들을 양산하여 돈을 벌고 명예를 얻는다. 예술을 깊이 이해하는 사람이라면 그 작품들의 평범함을 역겨워하겠지만 사실 대중들에게 선호되는 예술가들은 바로 그들이다.[22] 반면 어떤 예술가는 인간과 자연을 깊이 연구하고, 자신의 작품에 완전성을 부여하기 위해서 오래도록 고된 작업을 하기도 한다. 그는 공정하고 편견 없는 독자에게 찬사를 얻겠지만 그런 독자는 수가 적고, 그 예술가의 작업에 값하는 보상을 해줄 수 없는 경우가 많다. 평범한 다수의 취향을 승인할 것인가, 공정한 소수의 감식안을 승인할 것인가? 디드로는 손쉽게 재능을 팔아 부와 명성을 쌓은 예술가들에게 언제나 예리한 분석과 준엄한 비판을 가했으며, 반대로 성실하고 진지하고 근면하게 작업했던 예술가에게는 그들이 성취한 아름다움이 얼마나 대단한 것인지 보여줌으로써 가장 명예로운 보상을 받게끔 노력했다. 예술가들이 추구해야 할 '완전성'과 '독립성'을 '관계들의 지각'이라는 개념으로 풀고자 노력하면서 디드로는 그들이 성취한 높은 수준의 아름다움을 언젠가 모든 사람이 이해하고 향유할 수 있게 되기를 기다리고 또 이를 위해 노력하는 것이다.

22. 특히 디드로는 『살롱』에서 프랑수아 부셰(François Boucher 1703-1770)에 늘 비판적인 입장을 취했다. 한 예로 『1765년의 살롱』에서 디드로는 "저는 감히 그가 미적 감각이 없다고 말씀드립니다. [⋯] 엄격한 예술이라고 하기에는 너무 꾸밈이 많고, 교태를 부리고, 기교만 따르고, 겉만 번지르르 합니다. 아무리 벌거벗은 여자를 그려서 보여준들, 저는 그 여자들에게서 입술연지, 얼굴에 붙이는 애교점, 장식용 술, 싸구려 화장 도구만을 볼 뿐입니다. [⋯] 그에게는 예술에 대한 사상이 없습니다. 오직 꾸며낸 것(concetti)뿐입니다."(Diderot, *Salon de 1765*, éd. par Else Marie Bukdahl et Annette Lorenceau, Hermann, 1984, pp. 55-57)

찾아보기

미의 기원과 본성

초판 1쇄 발행 2012년 3월 30일
    3쇄 발행 2025년 8월 11일

지은이 드니 디드로
옮긴이 이충훈
펴낸이 조기조

펴낸곳 도서출판 b
등   록 2003년 2월 24일 제2023-000100호
주   소 서울시 금천구 가산디지털2로 169-23 가산모비우스타워 1501-2호
전   화 02-6293-7070(대) 팩시밀리 02-6293-8080
이메일 bbooks@naver.com 홈페이지 b-book.co.kr

ISBN 978-89-91706-51-4   93160

정가_10,000원

* 잘못된 책은 교환해 드립니다.